오십의 시간

오십의 시간

나이가 아니라 태도가 쌓이는

초 판 1쇄 2025년 09월 23일

지은이 임주하
펴낸이 류종렬

펴낸곳 미다스북스
본부장 임종익
편집장 이다경, 김가영
디자인 임인영, 윤가희
책임진행 안채원, 이예나, 김요섭, 김은진

등록 2001년 3월 21일 제2001-000040호
주소 서울시 마포구 양화로 133 서교타워 711호
전화 02) 322-7802~3
팩스 02) 6007-1845
블로그 http://blog.naver.com/midasbooks
전자주소 midasbooks@hanmail.net
페이스북 https://www.facebook.com/midasbooks425
인스타그램 https://www.instagram.com/midasbooks

© 임주하, 미다스북스 2025, *Printed in Korea*.

ISBN 979-11-7355-501-5 03810

값 19,500원

미다스북스는 다음세대에게 필요한 지혜와 교양을 생각합니다.

오십의 시간

임주하 지음

나이가 아니라
태도가 쌓이는

미다스북스

오십이 됐다고 아주 광고를 합니다.
내 나이가 이렇게 됐다고 말하는 것이
사실은 부끄럽기도 숨기고 싶기도 했습니다.
그런 마음이 들었던 것은
나를 사랑하지 않았던 마음과
아직 그럴만한 준비가 안 된 것도 같고
뭔가 보여줄 게 없어서이기도 했습니다.

가슴에서는 뭔가 하고 싶다고 올라오는데
눌러 내리느라 보냈던 시간과
내가 붙들고 있었던 기억과
감정 때문에 사실을 볼 수 없어

앞으로 나아가지 못하고 있는 저를
글을 통해 자유롭게 하고 싶었습니다.

무엇을 했든 하지 않았든
우리는 여기 그대로 존재하고 소중합니다.
각자 자기의 모습대로 나답게
삶을 만들어 가고 있습니다.

나이 드는 것이 아니라 모양을 만드는 중입니다.
나이를 먹는다는 말보다
사는 동안 나의 모양을 다듬고 가꾸고 있다고 생각하니
훨씬 마음이 편해집니다.
여전히 진행 중이라고 그러니 기대해 보라고 말합니다.

저처럼 오십의 시간을 지나 인생 후반을 준비하거나
사회에 첫발을 내딛는 사람들
인생의 큰 변화를 겪느라 현재를 버티고 있거나
삶의 정점을 향해 정신없이 달리는 이들
다가오는 마지막 순간을 위해 삶을 뒤돌아보는 분들 모두
생의 계절이 바뀌는 시간을 맞이하고 있다고 생각해 보세요.

나의 다음 계절을 위해

지나온 시간을 되새기며 정리해 보고

앞으로 나를 위해 살아가길 응원합니다.

당신이 만나고 있는

변화의 계절은

당신의 모양을 찾는 기회가 됩니다.

발견

: 여전히 흔들리는 시간

단단해졌다고 믿었지만, 나는 여전히 흔들린다.

낯선 마음이 피어나는 곳에서 진짜 나를 발견한다.

꼰대로의 초대

꼰대. 이 말은 어디서 왔을까. 주름이 많은 번데기를 부르는 지역 방언인 '꼰데기'에서 왔다는 말도 있고 '곰방대'에서 왔다는 말도 있다. 뽐내거나 우쭐대며 하는 고갯짓을 말하는 '곤댓짓'이라는 말에서 왔다는 이야기도 있다. 학생들이 쓰는 은어로 선생님을 말하기도 하고 늙은이를 말하기도 한다. 억압적이고 강제적이었던 시절의 선생님 모습을 떠올리면 이해가 쉽다. 어린 친구들 눈에는 어른들이 삶에서 얻은 경험을 알려준다며 거만하게 가르치듯 하는 모습이 그렇게 보였을 것이다. 경험자들의 조언이 어쩌다 꼰대라는 단어에 묶여 고지식하고 재미없게 들리게 됐을까.

꼰대라고 하면 같이 따라오는 말이 '나 때'이다. 이것을 좀 더 굴려 발음해 '라떼'라고 하면 왠지 꼰대의 느낌을 더욱 살려주는 것 같다. 꼰대들의 말은 '라떼는 말이야.'로 시작하지 않는가. 나에게도 '라떼'가 있었다. '내가 그 나이였을 때는 말이야.'라며 과거를 회상하면, 어느새 그 시절 속으로 빨려 들어가 미소를 짓게 된다. 주변 반응은 눈치채지 못한 채 혼자 기억 안으로 들어갔다가 싸한 분위기를 느끼며 현실로 돌아온다. 어쩌면 그마저도 알지 못하는 게 진정한 꼰대일 수도 있겠다.

옛이야기는 어쩌다 구태의연한 사고방식의 소재가 되었을까. 그것을 강요하게 된 꼰대들의 마음은 무엇일까. 새로운 것이나 상황과 시대에 따라 바뀌는 것을 이해하며 수용해 주지 못하고 그저 자신들의 오래된 사고방식만을 고수하기 때문이 아닐까. 그렇지만 그들은 오랜 경험을 통해 자신이 견뎌왔고 피할 수 있었던, 피부로 느끼고 체험한 일들을 나눠주고 싶었을 것이다. 그러니 경험을 나누기보다 자기 잘난 맛에 자랑하듯 쏟아내는, 잘난 척 거만한 사람을 두고 꼰대라고 했을 가능성이 높지 않을까.

타인을 무례하게 대하는 노년층만을 뜻했던 말이 요즘에 와선 젊은이들에게도 붙여졌다. 젊은 꼰대가 등장한 것이다. 즉 타인의 생각을 인정하고 수용해 주지 못하고 자신의 사고방식을 강요하고 권위주의적인 태도를 보이는 사람. 나이를 막론하고 그런 사람은 어디든 있을 수 있다. 그러니 젊은 꼰대의 등장은 당연한 일이다. 더 이상 생물학적 나이가 그것의 기준은 아니다. **나이가 많고 적음이 문제가 아니라 타인에 대한 태**

도가 중요한 것이다. 자신의 주장만 강요하는 고집 센 사람과 함께 일할 사람이 얼마나 있을까.

나도 꼰대일 때가 가끔 있긴 하다. 아이들에게 살면서 겪고 경험에서 알아차린 것을 이야기하다 보면 어느새 나는 꼰대가 되어있었다.

"엄마가 어렸을 때는 말이야. 이런 것도 없었어. 햄버거? 햄버거가 웬 말이야. 가게도 찾아보기 힘들었구만. 그냥 먹어. 투정 부리지 말고."
"배부른 소리하고 있네. 그냥 집에서 밥 먹어. 배고프면 밥에 김치랑 김이랑 먹으면 되지. 배달은 무슨 배달이야."

특히 먹는 것 때문에 꼰대처럼 행동했던 적이 많았다. 내가 살던 동네는 구멍가게도 없는 시골이었기 때문이다. 간식거리라고는 감자나 고구마, 홍시가 전부였고 이따금 밭에 자란 오이와 가지, 가을엔 무도 뽑아 씻지 않고 먹었다. 요즘의 위생이라는 개념으로 이해할 수 없을 것이다. 그때는 그럴 수 있었는데 시대가 변하고 환경이 달라지니 아주 오래된 옛이야기처럼 들린다. 이렇게 꼰대처럼 아이들이 원하는 것에 라떼를 붙여가며 듣기를 거부한다. 아이들의 마음을 헤아리기를 차단해 버린다.
꼰대는 대화 능력의 상실을 뜻하는지도 모른다. 자신의 상황만 중요

하게 생각하고 타인의 상황에 대해 고려하지 않고 이야기하는 것. 대화
능력이 부족하면 소통이 되지 않는다. 그렇게 되면 사람과 사람 사이에
서 관계 맺기도 어려워진다. 소통되지 않는 꼰대보다 마음을 이해하고
이야기를 들어주는, 공감과 지지가 가능한 사람과 함께하고 싶은 건 당
연하다.

반대로 꼰대의 이야기를 듣지 못하는 다른 이들도 어쩌면 소통의 부재
인지도 모른다. 자신의 의견이 거부당했다거나 나와 다른 방향을 논한
다고 해서 상대를 꼰대로 지칭해 버릴 수도 있다. 너의 의견에 대한 나의
부정이 너를 꼰대로 만들고, 나의 의견이 거부당했다고 꼰대 취급을 해
버린다면 양쪽 모두 자신의 주장만 옳다고 우기는 꼰대가 되는 것이다.

때로는 싫은 소리를 할 수 있어야 한다. 누구든 목소리를 내어야 할
때도 있다. 진정한 어른이라면 꼰대 소리에 주눅 들지 않고 말해야 한
다. 수정되고 개선되어야 할 부분을 보고도 아무 말 하지 않는다면 어떻
게 될까? 그렇게 소신 있는 발언도 할 줄 알아야 한다. 서로의 의견을 제
시하고 고민해서 나은 방향으로 나아갈 수 있다면 잠깐 꼰대 소리를 듣
는다는 것이 어디 어려운 일이겠는가? 어른이라고 해서 답이 있거나 모
든 해결책을 내놓을 수 있는 것은 아니다. 상의 없이 주도하거나, 단독
으로 결정하여 처리하거나, 일방적으로 가르치기보다 상황을 살피고 물

어보며 조율할 수 있어야 한다.

나이를 먹으면 꼰대가 되지 않아야겠다고 생각했고 그것에 대해 부정적이기만 하던 내 생각에 변화를 준 것이 있다.

"사람은 누구나 다 나만의 '라떼'가 있는 법이야. 그 시절에 '라떼'를 뺀다면 어찌 지금의 내가 있겠냐! 안 그래? 그러니까 잘 기억해 두시오. 오늘이 너의 '라떼' 중 하나가 될 테니까!"

〈낭만닥터 김사부〉에서 주인공 김사부의 대사다. 과거 나만의 '라떼'가 없었다면 지금 나는 무엇으로 타인에게 경험을 나눌 수 있겠는가. 어떻게 생각을 전달할 수 있겠는가. 우리는 모두 '나의 라떼를 살고 있는 중'이다. 나의 라떼가 모여 현재의 내가 되고 그간에 쌓인 경험들이 이야기의 소재가 되고 조언의 기준이 되고 삶을 살아가는 판단 기준이 되는 것이니.

어쩌면 나이를 먹는 것 자체가 꼰대의 기준이 될지도 모른다. 축적된 경험도 없이 라떼를 논할 수는 없지 않은가. 그렇게 생각하자 더 이상 꼰대가 되는 것이 두렵지 않다.

어떤가? 꼰대로의 초대. 받아들일 용기가 있는가? 오고 싶지 않아도 만나게 될 것이다. 당신도.

혼자라는 두려움 너머

우리는 모두 자유를 꿈꾼다. 그렇게 되려면 홀로 세상에 당당히 설 수 있어야 한다. 그러나 혼자 자신 있는 사람이 몇이나 있을까. 나는 언제부터 혼자 설 수 있었을까. 혼자라는 두려움에서 벗어난 그때는 언제부터였을까.

딸은 친구를 만나기보다 집에서 책을 보며 쉬는 것을 좋아했다. 아이가 친구 없이 혼자 노는 것을 좋아하는 건 아닌지, 왕따를 당하거나 친구가 없어 그러는 것은 아닌지 걱정했던 적이 있다. 가족이 외출하고 돌아오는 주말에 집 앞 놀이터에 알만한 아이들이 있었다. 그렇게 삼삼오오 모여 노는 것을 보는 날엔 더 불안했다. 어느 날 친구의 전화를 받고도 그냥 집에 있겠다고 하는 아이에게 나는 의아해서 물었다. 만나러 나가지 왜 거절했느냐고. 괜찮단다. 나는 답답했다. 그러나 아이는 불안해하지 않았다. 아이를 보는 나와 남편의 마음만 불편했을 뿐이다. 부모의 기준으로는 이해되지 않는 부분이었으니까. 그러다 아이가 하는 말을 듣고는 더 이상 불안해하지 않기로 했다.

"그 친구는 자기 마음대로 하려고 해. 자기 뜻대로 안 되면 될 때까지 힘들게 해."

아이는 자신만의 기준을 가지고 있었다. 딸은 그 아이를 만나야 할 이유가 없었고 자신에게 무례한 친구 전화를 거절할 줄 알았다. 자신의 내적동기를 발동시키는 일에 관심 있는, 소신 있고 단단한 아이였음을 뒤늦게 알게 됐다.

아이는 타인의 기준이 아닌 자신의 소신대로 결정하고 행동하고 있었으나 어른인 나에게는 상상할 수 없는 상황이었다. 어릴 때도 그렇지만 어른이 되고 나서도 내 아이처럼 결단력 있지 못했다. 약속이 없는 날은 왠지 불안했다. 뭔가 약속이 있는데 잊고 있는 건 아닌지 여러 번 확인했고, 핸드폰을 자꾸 쳐다보았다. 혹시나 연락이 오지 않을까. 심지어 나 빼고 만나는 건 아닌가 하는 생각까지 한 적도 있다. 핸드폰에 대화 앱이 생기고 소통이 주로 거기서 이루어지다 보니 나 말고 다른 방을 만들어 소통하나 그런 의심도 했었다. 그런 나를 사람들이 알면 이상하게 여길까 내색하지도 못했다.

　사람을 만나지 않으면 불안한 마음이 커졌다. 혼자 있으면 분주히 집 안일 하면서도 온 신경이 핸드폰을 향해 있었다. 사람들은 무엇을 하며 시간을 보내는지 궁금했다. 다들 바쁘게 자신만의 무언가를 하며 보내고 있을 거라는 생각에 나만 뒤처지는 건 아닌지. 그래서 누군가의 연락이 올 때까지 가구를 옮겨 가며 책을 정리하고 배치를 바꾸고 그렇게 몸을 움직이던 시절도 있었다. 혼자도 괜찮은데 말이다. 혼자라도 나가 서점도 가고 도서관도 가고 쇼핑도 하면 되는데 말이다.

　이야기를 길게 풀다 보니 마치 만나는 사람 하나도 없이 지냈다는 느낌이 들지만, 전혀 그렇지 않다. 아이가 셋이다 보니 아는 엄마들도 많았고 학교 행사에도 빠지지 않고 참석했다. 분주히 많은 사람을 만나고 다녔다. 사람을 만나야 했다. 혼자 있는 것도, 혼자 하는 것도 감히 엄두를 내지 못했다. 그때는 그것이 무엇을 의미하는지 몰랐다. 사람을 만나야 내가 뭔가를 하는 것 같았으니. 약속이 없는 날 누군가에게 연락이 온다면 나는 아이처럼 반가워하며 절대 거절하지 않았다. 심하게 아프지만 않으면 무조건 만났다.

　그런 만남에 제동이 걸렸다. 코로나는 많은 사람의 움직임을 제한했다. 외출은 생각할 수 없었다. 바이러스는 누구도 예외는 없을 것처럼 무섭게 퍼지며 점점 다가왔다. 갑작스러운 환경변화로 민감해진 나는 아이들과 집을 떠나지 못했다. 잠시 정적이 흐른 듯 한동안 조용히 주변의 동태만을 살피며 기다렸다. 그러나 모든 모임은 대면에서 비대면으로 바뀌었다. 나는 곧 그 새로운 변화에 적응하기 시작했다. 그동안 참여했던 그림책 모임도 모두 온라인으로 전환되었다. 처음엔 거기서 만난 사람들과 직접 만나며 주고받던 에너지를 느낄 수 없어 어색했다. 아이들도 대동해 모임 안에서 함께 활동하고 나누던 시간은 추억이 되어가고 있었다. 우리는 온라인 화면 안에서 아쉬움을 달랬다.

그렇지만 멈췄던 만남이 온라인에서 이루어지고 불특정 다수와 지역적 범위와 나이를 벗어나 더 많은 인연이 나를 기다리고 있음을 발견하기도 했다. 무료 강의와 온라인 커뮤니티를 통한 새로운 활동들이 추가되었다. 설레었다. 시간과 공간적 제약 없이 이동하지 않고도 사람을 만날 수 있다는 것이 흥미로웠다. 한참을 그렇게 온라인 모임을 드나들었다. 그곳에서 사람들을 다시 만나기 시작했다.

코로나는 생각보다 오래 지속되었고 우리는 온라인의 삶을 살게 되었다. 그렇게 보낸 시간이 직접적 대면이 아니어도 지속할 수 있는, 언제든지 참여할 수 있는 상황이 되었다. 그런데 온라인에서 활동해도 혼자처럼 여겨지는 건 왜였을까. 함께하고 있지만 물리적인 거리가 있어서인지 그런 느낌이 점점 강해졌다.

처음 하는 온라인 활동은 혼자가 어렵고 두려웠던 나에게 새로운 경험의 세계로 인도했다. 관심 가는 것을 찾기 시작했다. 오로지 내 마음이 닿는 것을 선택하여 참여하였다. 가족이나 지인들이 없어도 무언가를 도전하는 것에 작은 힘이 생기기 시작한 것이다. 물론 온라인 공동체 안에서 이루어지긴 했지만 마치 같은 주제를 가지고 각자 해내고 있는 듯한 기분이었다. 그렇게 나는 혼자가 가능해지기 시작했다. 혼자 비밀리에 작업을 하는 사람처럼 모임 안에 있지만 내가 하고 싶고 나의 시간과 맞으며 내가 할 수 있는 활동들에 참여하기 시작했다. 함께가 아니더라도 가능하다는 것을. 재차 말하지만 분명 온라인 모임임에도 〈나 혼자 산다〉처럼 혼자만의 도전으로 여겨졌다.

그렇게 꽤 긴 시간이 흐르고 나니 코로나가 풀리고 사람들을 만날 수 있게 되었을 때 고삐 풀린 망아지처럼 반가움을 감추지 못하고 약속을 잡았다. 현장에서만 알 수 있는 그 기분, 서로 마주 보고 곁에 있으며 느끼는 감정과 표정. 반가움과 기쁨도 잠시 어느새 무료함이 느껴지기 시작했다.

"집에 가서 할 일이 있는데. 아~ 그냥 집에 있을걸."

나아가고자 하는 방향이 뚜렷해지고 그것에 집중하고 싶은 마음이 더 커진 것이다. 집에 혼자 있어도 하고 싶은 일에 집중하게 되고, **그것을**

해내려는 목적이 분명하고 욕구가 강해지니 다른 생각은 떠오르지 않았다. 타인을 위한 것이 아닌 내가 하고 싶은 것, 나는 자연스럽게 타인을 향한 생각이 점점 줄어들었다. 어느 순간 혼자라도 가능해진 일상이 되었다. 불안감은 현저히 낮아졌다.

발견 : 여전히 흔들리는 시간

기억은 지금도 나를 찾는다

사람들은 집을 안식처라 불렀다. 요즘은 어떤 의미로 집이 자리하고 있을까. 안식처는 편히 쉬는 곳인데 과연 집은 편안한가? 가족은 남녀가 만나 하나의 가정을 이루고 이후에 태어난 자녀를 포함한다. 조금 더 넓게는 양가 부모와 형제를 포함해 가족이라 할 수 있다. 지금 우리는 안식처라 부를 수 있는 집에 살고 있을까?

사실 집은 모두를 담는 곳이어야 한다. 그러나 그 안에는 다양함이 존재한다. 그 다양함이 함께 어우러지지 못하는 경우는 어떤가. 공기의 흐름은 어색해지고 낯선 사람과 함께 사는 것보다 못한 경우를 맞게 된다. 사회에서 만나는 사람과는 오히려 더 배려하고 친절하게 대하며 문제를 만들지 않기 위해 애쓴다. 집에서는 어떻게 행동하는가? 가족에게는 무엇이든 인정받고 싶고, 마음 가는 대로 편안하게 행동하고 싶지 않은가? 그런 서로의 마음이 받아들여진다면 문제가 되지 않는다. 하지만 의견 차이가 생기거나 상황과 개인이 가진 기질적인 부분에서 달라질 수 있다. 한 사람의 마음이 강해 가족에게 어려움을 주기도 한다. 집이라는 한 공간 안에서 발생하는 감정은 가족 구성원 모두에게 전달된다. 한집에서 살 뿐 가족은 더 멀게 느껴지거나 불안의 대상이 되기도 한다.

나의 아버지는 분명 가족의 일원이었고 여전히 그렇다. 그러나 어린 시절을 떠올려 보면 부재중으로 다가온다. 그 시절 노동의 형태는 기계화되었으나 여전히 사람 손이 필요해 아침부터 저녁 늦게까지 육체적 노동으로 바빴다. 농부의 부모를 둔 자식들은 대부분 부모를 따라 논이나 밭으로 나가 일했다. 놀다가도 비가 오면 집으로 뛰었고 해가 지면 마당 설거지를 했다. 저녁이면 가족이 둘러앉아 밥을 먹고 일찍 잠이 들었다. 그러나 내게 아버지와 저녁을 먹은 기억이 없는 것은 왜일까. 저녁 식탁을 마주한 기억이 왜 나지 않을까? 아침은 분주했고 새참이나 점심도 논두렁 밭두렁이거나 온몸에 땀과 흙먼지를 뒤집어쓴 채 바삐 해결했으니, 저녁이나마 가족이 모여 노곤한 몸을 마주하고 밥을 먹었을 터인데. 농사로 분주한 날은 그날 일을 끝내고, 한가한 철에는 늦은 아침을 먹고 외출을 준비하시던 아버지의 모습만 떠오른다.

그래서인지 유년의 집은 적막함과 고요함으로 느껴진다. 아무도 없는 집만 덩그러니 담긴 사진처럼, 약간의 회색빛이 돌고 마당도 나무도 없이 집만 존재하는 모습. 거기에는 아무도 없었다. 아주 캄캄한 어둠 속은 아니지만 집을 비추는 밝은 빛도 보이지 않는다. 흑백사진처럼.

집의 왼쪽 뒤에 부엌이 있었다. 앞에는 쇠죽을 쑤는 아궁이가 있었고 시멘트를 쌓아 올려 벽을 만들고 처마를 이었기에 부엌은 그 뒤로 숨겨진 공간이었다. 집에 들어서면 항상 그 벽 뒤에 누군가가 있을 것 같았다. 대문을 들어서며 느껴지는 무서움. 그 이유가 무엇일까 기억을 더듬어 보니 한 아저씨로 동네가 불안했던 밤이 생각난다. 그 아저씨가 우리 집에 온 건 아니었는데 그 어느 날 밤 웅성거리는 어른들 사이로 느껴지던 뒤숭숭한 분위기 때문이었을까?

남편은 참 성실하고 자기 관리를 잘하는 사람이다. 집에 일이 있거나 내가 도움이 필요할 땐 도와주는 자상함도 있다. 아이들이 한창 클 때 아버지가 집에 있다는 것이 얼마나 의미 있는지, 가능하면 집에 남편이 함께 있는 시간이 많기를 원했다. 그렇게 아버지의 자리를 지켜달라고 부탁했었다. **남편이 집에 있는 걸 통해 내가 받은 안정감은 아이들에게 고스란히 전해질 터였으니까.** 남편의 부재중은 남편의 마음이 가족이 아닌 사람들을 향해 있는 것 같아 종종 화로 이어졌다. 술과 친구를 좋아한 남편이 자주 늦게 들어왔고 그럴 때면 나의 짜증과 화는 아이들을 향했다.

그러다가 어느 때는 남편에게 나의 마음을 차분하게 전달했다. 이해하고 인정하긴 했지만, 남편은 늦은 귀가를 자주 반복했다. 외출하기 전에 자신이 맡은 업무를 하고 가는 사람처럼 그렇게 집안일과 나를 도왔고 그리곤 밖으로 나갔다. 아버지가 한집에 살고 있었고 함께 밥을 먹기도 했으나 부재중으로 남아있듯, 연결되지 못하는 기분을 가끔 남편에게서 받는다. 그것이 반복된다. 삶의 중심이 가족이 아닌 자기 자신과 타인인 것처럼 말이다. 자신의 체력 관리를 위해 열심히 운동하고 좋아하는 악기 배우는 일도 게을리하지 않는다. 회사 일도 물론 열심이다. 집은 남편에게 쉬는 공간의 의미가 커 보였다. 그렇게 집에 존재했다. 몸은 분명 집이라는 공간에 함께 하나 대화가 별로 없었다. 모든 에너지를 밖에서 쓰고 난 사람처럼 집에 오면 좋아하는 정치 영상을 보거나 잠을 잤다. 물론 내가 필요할 때 대부분 운전을 해주거나 아이들을 챙기기도 했다. 필요한 사항을 체크하고 일을 처리하는 사람처럼. 내가 부탁한 대로 집에 있어 주는 시간을 많이 가지려고 했다. 내가 욕심이 많은 것일까? 집에 몸만 존재하는 그 느낌에 또 화가 났다. 집에 있지만 여전히 자신의 공간에 가 있는 것 같은 기분이랄까. 먹고 사는 것에 바쁜 사람들은 배부른 소리 한다고 할 것이다. 사는 게 걱정 없으니 그런다고 말하는 이도 있을 것이다. 그래서 남편과 연결되길 원하면 안 되는 건가?

일부분이 편집된 드라마 영상에서 어느 부인의 상황을 보니 내가 가지는 감정이 느껴졌다. 남편과 쇼핑을 가는 부인이 있었다. 문밖에서 신발을 한 참 구경하는 여자에게 가게 주인은 들어와 구경하라고 했다. 곁에 있던 남편도 그러라고 부인에게 눈짓하며 함께 매장으로 들어갔다. 이것저것 둘러보다가 이건 비싸서 안 되겠고 저건 어떻고, 그렇게 말하는 여자에게 가게 사장은 화를 내며 나가라고 한다. 한쪽에 앉아 무언가에 집중하고 있던 남편은 놀라 다가온다. 마음에 들면 사라고 권유하는 남편에게 부인은 뭉그적대며 아니라고 한다. 그러다 사장이 화내는 소리에 부인도 화를 낸다. 중간에 서서 중재하는 남편의 말에 부인은 '당신 도대체 누구 편이야?'라고 소리친다. 그리고 편집된 화면은 여자가 근무하는 회사의 사장실로 넘어갔다. 남편이 아내의 회사에 왔다. 아내는 사장실로 향하다 상사와 이야기를 주고받고 있는 모습을 보게 된다. 사장실이 전면 유리로 되어 상황을 알아볼 수 있었다. 상사는 남편의 동생이다. 동생은 아직도 정신을 못 차렸냐며 형에게 화를 낸다. 형은 알았다고 그냥 가겠다며 돌아서 나간다. 눈인사하고 나가는 전남편의 뒷모습을 본 뒤 여자는 상사의 방으로 들어간다. 그리고 상사에게 다가가 이렇게 말한다. 내가 형이랑 헤어진 건 형이 나빠서가 아니라고. 형을 몰라서 그러냐며 온갖 궂은일 다하느라 힘든 사람한테 그렇게 대하느냐며 화를 내고 나와버린다.

그렇다. 그 부인은 남편이 미워서 헤어진 건 아니다. 성실하지 못하고 나쁜 사람이라 헤어진 것은 아니다. 다른 일을 하느라 애쓰는 남편 곁에서 항상 남편과 연결되고자 했을 것이다. 그러나 남편은 신경 써야 할 일들이 너무 많은 사람이었다. 짊어진 짐이 너무 많았다. 그래서 안쓰러운 마음에 남편 곁을 지켜왔던 거지만, 이제 거기서 나오고 싶었을 것이다.

나는 이 부인처럼 힘든 삶을 짊어진 남편을 선택하지 않았다. 하지만 각자 다른 자기의 취향과 관심 그리고 일이 있지만 연결될 수 있는 사람을 원했던 것이다. 공간, 집을 가꾸고 그 안에서 온전히 함께함을 누리고 싶은 마음이었다.

내 안에 꽃을 봐

눈에 보이지 않는 마음의 상처들이 하나, 둘 모여 까만 털 뭉치가 된다. 처음에 아주 작았던 털 뭉치는 어른으로 자라는 소녀 곁에서 함께 커간다. 덩치가 커진 털 뭉치 괴물은 노인이 된 외톨이 소녀를 지배한다. 러시아 단편 애니메이션 감독 안나 부다노바(Anna Budanova)의 2013년 작품 〈상처〉[1]이다.

토끼 분장을 한 소녀는 크리스마스 선물을 받으러 길게 줄 선 아이들 맨 뒤에 선다. 하나 남은 당근을 받아 든 소녀는 놀리는 남자아이들을 피해 침대 밑으로 뛰어든다. 소녀는 침대 아래에 떨어진 작은 연필로 화가 나는 마음을 바닥에 낙서로 마구 표현한다. 낙서는 털 뭉치 꼬마 괴물이

1 네이버 세계 애니메이션 백과 중 〈상처〉 참고

되고 그것을 본 소녀는 반가워하며 침대로 가져간다. 소녀 곁에는 늘 꼬마 털 뭉치 괴물이 함께 있다. 덩치가 큰 소녀는 제일 앞자리에 앉고 싶었으나 맨 뒤로 쫓겨난다. 소녀가 자라는 만큼 털 뭉치도 커갔다. 노인이 될 때까지 세상과 사람들로부터 상처를 입고 돌아오면 괴물은 그녀를 안아주었고 그때마다 털 뭉치는 커졌다. 노인이 된 소녀 곁에 거대한 털 뭉치 괴물이 먹을 것을 요구한다. 울고 있는 아이를 달래려다 아이 엄마에게 밀쳐진 노인이 된 소녀를 털 뭉치 괴물이 끌고 집으로 들어간다.

우리는 누구나 상처가 있다. 그것은 어디서 어떻게 생겨 필수품처럼 다들 하나씩 가지게 되었을까? 앞에 소개한 애니메이션 〈상처〉처럼 처음엔 아주 작았을 것이다. 그것은 점점 거대해지고 급기야 나를 정복하게 된다.

세상과 만나며 받게 되는 상처는 다양하다. 그중에서 우리는 자신에 대해 타인이 가지는 시선으로 자유롭지 못할 때가 있다. 시선 속에 내려진 평가들로부터 우리는 상처를 입는다. 그 평가는 그들이 가지는 일종의 생각일 수 있는데, 그것이 주는 부정적 요소가 특히 그렇다. 또한 가지고 싶은데 좌절되었거나 하고 싶은 것이 되지 않았을 때 상처 입기도 한다. 애써온 자신의 마음이 받아들여지지 않았다는 것, 원하는 것을 가질 수 없는 현실이 반복되며 우울해지기도 한다. 그리고 나와 상대의 뜻이 일치하지 않을 때 오는 서운함도 있다. 그렇게 하나씩 하나씩 마음에 쌓이게 된다. 성장하면서 알게 되는 차이, 비교 대상이 늘어나면서 털 뭉치는 점점 커져 나간다.

사람을 만나면서 함께 일을 하다 보면 괜히 나를 미워하는 사람이 있다. 내가 하는 일을 시샘하고 잘되면 칭찬보다는 비아냥거리는 사람. 거기다 마치 자기의 생각인 양 공을 돌리는 사람. 그런 사람과 함께 있다면 어떨까. 일하는 내내 불편하고 힘들 것이다. 그가 하는 모든 말은 상처가 되고 함께 있는 순간들이 고통의 시간이 될 것이다. 그런데 그 문제에 대해 따져 묻거나 당당하지 못한 착한 사람이 있다. 자신에게 무슨 문제가 있는 건 아닌지, 오해하고 있는 것은 아닌지 그것부터 점검하는 사람. 상처받기 싫은 만큼 나의 한마디에 그가 받을 상처를 걱정하는 사람. 그렇게 타인에게서 오는 상처에 자신을 돌보지 못하고 스스로 주는 상처까지 더해진다. 털 뭉치 괴물이 점점 자라난 것은 우리가 그에게 먹을 것을 주어 키웠기 때문이다. 스스로 그것이 커지도록 방치했다. 더 커져서 나를 점령하는지도 모른 채, 어떻게 하면 상대와 가능한 좋은 관계를 유지할 수 있을까 생각하면서. 헷갈리고 불편한 마음을 안고 그를 대하면서도 결국 내가 느끼는 마음을 표현하지 못한다. 힘들면 힘들다고, 불편하면 불편하다고, 어려우면 어렵다고, 하기 싫으면 하기 싫다고. 세상과 당당히 부딪힐 용기는 점점 사라져가고, 우리의 덩치는 커졌

1장

으나 마음은 쪼그라든다.

어떻게 해야 내가 당당해질 수 있을까. 받은 상처에 매몰되지 않으려면 어떻게 해야 할까. 잘 안되고 서툴러도 지지받고 격려받으며, 잘하면 잘한다고 인정받고 칭찬받으며 살 수 있을까? 이 착한 사람은 많은 것을 타인을 기준으로 삼았기 때문이라 생각한다. 내가 사는 나의 인생이면서 타인의 삶으로 그 기준에서 판단하고 행동하려는 생각 때문이다. 내 안에 올라오는 감정이나 욕구보다 타인에 맞춰진 기준. 과연 누구를 위해 착한 것일까?

우리는 자신에게 시간을 주어야 한다. 타인과 상황에서 느껴지는 감정을 느낄 수 있도록 말이다. 그것이 무엇인지 알아내거나 최소한 인정하고 이해할 수 있도록 바라보고 기다려 주어야 한다. 그랬구나. 그런 마음이구나. 그리고 자신에게 질문해야 한다. 온전히 자신 안에서 자기가 느끼는 감정을 물어보아야 한다. 충분히 자신과 대면하고 난 뒤에 타인을 의식하여야 한다. 이러한 태도가 쉽지는 않다. 그것을 기다려 줄 여유가 없을 때가 더 많다. 모든 상황에 그럴 수는 없겠지만 그러려고 노력해야 한다. 그리고 누군가에게 말할 수 있다면 더 좋다. 나의 감정을 나의 언어로 표현했을 때 해소되기 때문이다. 그래서 인정과 지지를 해 줄 누군가가 있다는 것이 어찌 보면 인생 최대의 행복인지도 모른다. 들어주는 사람이 있다면 상처가 나를 아프게 하도록 두지 않을 수 있다. 상처를 끌어안아 더 큰 상처로 만들지 말자. 상처를 덮어 방치하지도 말자.

내가 강해지고 나를 즐겁게 하는 것을 찾아라. 기쁨의 영역을 넓혀라. 상처에 휩싸여 매몰되지 않도록. 금방 다시 털어내고 다음을 향해 갈 수 있도록. 상처는 지난 과거에 불과하다. 현재의 순간과 마주하고 거기에 집중하자. 내 곁에 사람들은 나에게 어떤 힘을 주는가. 그 사람들 속에서 나는 어떻게 존재하는가?

'꽃이 예뻐 보이는 이유는 내 안에 꽃이 있기 때문이다.'라고 법륜스님이 말씀하셨단다. 그 말에 '그러므로 꽃밭으로 가라. 그리해야 당신 안에 어떤 꽃이 있는지 알 수 있다.'라고 김창옥 씨가 덧붙였다 한다. **내 안에 꽃을 봐라. 타인의 시선에 갇힌 내가 아닌 내가 느끼는 나의 꽃을 보아주라. 누구 하나 꽃이 아닌 이가 있을까?**

영상 속 소녀처럼 곁에 털 뭉치를 두고 상처와 함께 나이 들지 않도록.

보여주지 않으려고 감추지도 말자. 그냥 덮어둔다고 사라지지 않는다. 계속 나를 향해 올라와 아프게 할 것이다. 삶이 앞으로 나아가지 못하고 깊어지지도 못할 것이다. 겉돌며 털 뭉치에 끌려다니게 될 것이다.

나는 이제 자유로워지련다. 내가 느끼는 감정을 고스란히 경험하며 나를 안아줄 것이다. 그동안의 상처로 나를 붙들어 놓던 털 뭉치를 털어버릴 것이다. 상처가 깊이 자리하지 않도록.

울고 싶을 땐 울어도 괜찮아

나는 눈물이 많은 사람이다. 나처럼 눈물이 많은 사람이 얼마나 될까. 생각보다 없을 수도 있고, 생각보다 많을 수도 있겠다. 남자보다 여자들이 눈물을 더 많이 흘린다고 생각하는데, 나이가 들면 남자들도 호르몬 때문인지 눈물이 많아진다고 한다. 남자건 여자건 울고 싶을 때 울수 있어야 한다. 운다는 건 마음 안에 어떤 감정의 동요가 있다는 걸 의미한다. 나는 드라마와 영화, 책을 볼 때도 눈물이 많다. 그런데 주위를 의식하다 보면 일부러 참는 경우가 있다. 내 마음이 그 드라마의 상황을 이해하고 받아들였기에 감성이 자극된 것인데 눈물을 막는 건 쉽지 않다. 남자건 여자건 울면 좀 어떤가. 울면서 가슴에 올라오는 감정을 느껴보는 건 어떨까.

내가 울었다고 하면 도대체 어떤 부분에서 울었는지 궁금하다는 사람도 있다. 눈치 빠르게 고개를 돌려 나를 보는 우리 아들도 그렇다. 한 번 울기 시작하면 쉽게 눈물이 멈추지 않고 가슴 한구석이 조금 아플 때도 있다. 눈물을 보이지 않으려 어떤 날은 부엌으로 가 숨기도 했고, 그러다 양파라도 써는 날은 참았던 눈물이 터지기도 했다. 혼자 있는 날은 꺼이꺼이 목 놓아 울어버리기도 한다. 마치 나의 일인 것처럼.

'눈물' 하니 떠오르는 책이 있다. 최근에 클레이 키건의 소설 『맡겨진 소녀』를 읽었다. 키우는 아이도 여럿인데 출산일이 가까워진 엄마는 소녀를 지인에게 맡겼다. 혹여 맡겨진 집에서 실수하지 않을까, 소녀의 마음엔 조금의 불안감이 자리하고 있었다. 아줌마와 아저씨는 다소 무뚝뚝하고 과묵해 보인다. 무심하지만은 않은 보살핌에 에드나는 그곳에서 집과는 사뭇 다른 생활을 맛본다. 얼마의 시간이 흐르고 엄마 편지가 도착한다. 집으로 돌아가야 할 시간임을 알았을 때 차라리 빨리 끝내고 싶다고 생각했다. 무엇을 끝내고 싶었을까. 아마도 정이 들었는가 보다. 소설의 끝엔 소녀를 데려다주고 떠나는 아저씨를 향해 달려가 품에 안기는 장면이 묘사되어 있었다. 아이는 자기 심장이 마치 손에 든 것처럼 달렸다. 그 모습을 보니 가슴에 뜨거운 것이 차오르며 눈물이 왈칵 쏟아졌다. 조용하고 무심한 듯 쓰인 글과 내용에 지루해할 사람도 있겠지만 사람마다 다른 감정을 느끼니까. 한 번도 느껴보지 못했던 것을 경험한 여름, 다시 원래의 자리로 돌아가야 하는 지금, 에드나의 슬픔과 나의 마음은 거기 있었다.

　몇 년 전 시작부터 많이 울었던 영화가 생각난다. 스웨덴의 영화 〈오베라는 남자〉였다. 스웨덴의 영화는 처음이라 낯설었는데 이 영화는 독서 모임을 하던 동네 엄마들과 처음 책 대신 보았던 영화다. 영화의 시작은 조용했다. 나이 많은 한 남자가 무언가 하고 있는데 그것은 죽음을 준비하는 일이었다. 주인공이 영화 내내 죽음을 준비하지만 타이밍을 놓치던 기억이 난다. 무뚝뚝한 할아버지는 부인의 죽음과 철도회사에서의 해고로 삶을 끝내려 하고 있었다. 그가 혼자 죽음을 준비하고 밧줄에 머리를 밀어 넣기까지 화면에 담긴 피부와 눈빛이 너무도 생생하다. 지인의 집에서 보게 된 그 장면은 화면도 크고 선명한 화질에 담겨 주인공 할아버지의 모습이 그대로 전달되었다. 영화가 시작하고 얼마 되지 않아서였다. 빛이 환하게 들어오는 장소에 서서 죽음을 준비하는 주인공의 모습은 그냥 보고만 있어도 눈물이 터졌다. 그런 나의 모습에 지인들이 당황해 화장지를 건넸다. 생생하게 보이는 살결의 떨림과 무덤덤한 표정에서, 삶의 끝을 만나는 그의 모습에 무슨 이유가 있는 것인지 가슴이 아팠다. 말하지 않아도 슬픔이 느껴졌다.

　전에는 영화를 보다 눈물이 나면 최대한 참아가며 울거나 끝날 때는 아닌 척 영화관을 나섰다. 마스크가 있어 감출 수 있어 좋으나 감정을 숨겨야 한다는 것이 불편하고 힘들었다. 울음을 숨기려 충분히 몰입할 수 없는 것도 아쉬웠다. 감정 코드가 비슷한 사람과 함께라면 영화에 조금 더 집중해 볼 수 있어 좋은데.

요즘은 감정에 따라 편하게 운다. 특히 드라마나 영화에서 눈물 나는 장면을 만나면 작정하고 울기도 한다. 그런 상황에 기대어 울고 나면 기분이 좋아지기 때문이다. 삶이 힘들어서 그런 건 아니다. 그냥 감정이 올라와서 그럴 뿐이다. 동요되어서 그렇다. **그렇게 울고 나면 눈이 좀 붓긴 하지만 눈 안에 먼지가 모두 제거된 것처럼 개운하다.** 조금 다른 이야기지만 그 개운함에 이따금 울어줘야 눈 건강에도 좋지 않을까 생각도 들었다. **눈만 개운한 게 아니라 가슴도 개운해진다. 가슴안에 응어리진 무언가가 풀어진 것처럼.** 나의 일도 아니고 지금의 나의 상황과 아무런 관련이 없음에도 말이다.

울고 싶을 때 울어도 괜찮다. 꽤 괜찮다. 무엇을 통해서든 실컷 울고 나면 오히려 기쁘다. 웃음이 나온다. 아니라고 말하지만 우리는 나름의 스트레스 속에서 산다. 울음을 통해 정서적으로 해소되고 마음이 차분해짐을 느끼게 된다. 그러나 이유 없이 눈물이 자꾸 난다면 정신적인 요인이나 외부적 요인의 가능성을 살펴볼 필요도 있다. 직장에서, 가정에서, 친구 사이에 경험하는 다양한 상황에서 원인이 될 수 있는 요인은 무엇이 있는지. 자신에게 일어나는 슬픔의 원인을 살펴볼 수 있다면 아직 여유로운 상태라고 보인다. 그런 특별한 이유가 있는 게 아니라면 한 번 시원하게 울면서 마음을 정화할 필요가 있지 않을까? 신나게 뛰고 나면 몸에 땀이 흐르고 오히려 개운한 기분이 되는 것처럼 몸 안의 쌓인 독소를 눈물로 쏟아낸다면 육체적, 정신적 건강함을 유지할 수 있지 않을까 기대해 본다.

빼는 것보다 더할 것 찾기

이따금 삶에서 수정해야 할 것이 없는가 고민하곤 한다. 내가 바꿔야하거나 하지 말아야 할 행동이 무엇인지 생각해 본다는 말이다. 수정해야 할 것이나 빼야 할 것에 집중해 생각하던 나는 최근 한 가지 사실을 깨달았다. 바꾸거나 하지 말아야 하는 부분보다 할 수 있는 것이 무엇인가로 질문을 바꿔보는 것이다. 못하는 것, 즉 부정적 시선을 거두고 그 상황에서 내가 선택할 수 있는 것은 무엇인가, 가능한 것은 무엇인가로 바꿔 바라보는 게 더 중요했다. 내가 할 수 있는 것을 찾아 선택해야 한다고 말하고 싶다. 그것을 뺄 것이 아닌 더하기라고 이름을 붙여 보고 싶다.

사춘기 아이들을 키우다 보니 지적을 자꾸 하게 된다. 물건을 제대로 챙기지 못하거나 시간이 다 됐는데도 준비가 안 되는 등 자신의 앞가림을 못하는 것을 보면 수정해 주고 싶은 마음이 든다. '조금만 바꾸면 되는데, 조금만 서두르면 되는데, 조금만 집중하면 되는데.' 하고 말이다. 아이들이 준비된 상황에서 제때 자신의 실력을 발휘하고, 사람들과의 관계에서 성취하는 모습을 통해 자신감을 얻고 나아갈 방향을 잘 찾았으면 하고 바란다. 이런 나의 마음을 아는지 모르는지 아이들은 제대로 듣지 않는 것 같다. 무엇 때문일까? 뭘 깊이 생각해 보지 않아도 이건 잔소리이기 때문이다. 비난하는 소리기도 하다. 지금 보이는 문제 하나에 꼬리를 물고 다른 것까지 모두 비난하고 아이를 평가하는 것이다. 하지 못하는 것 부족한 부분에 집중하는 엄마의 말이 잘 들리지 않는 건 당연하다.

"아들 몇 시야? 시간이 다 됐는데 지금 하겠다고? 그걸 왜 지금 하려고 그래? 아까 했으면 좋잖아. 항상 미리 하라고 했지. 왜 매번 반복이야. 이렇게 늦게 하면 잠자는 시간도 늦어지고, 그러다 보면 잠이 부족하고, 또 그래서 아침엔 힘들고. 아침에 깨우면 한 번에 못 일어나고 말이지. 계속 반복이잖아. 반복. 왜 그래? 무슨 생각이야. 무슨 생각으로 사는 거냐고. 이거 한두 번 얘기해? 몇 번째야, 벌써. 지겹지도 않니? 이런 말 계속 듣는 게. 뭐 좋은 말이라고 계속 들어. 엄마도 이런 이야기하기 싫다. 좋은 말 놔두고 맨날 지적하는 엄마는 뭐 좋은 줄 아니? 나도 좋은 말만 하고 싶어. 말하는 나도 짜증 난다고. 듣는 너도 싫을 거잖아.

안 그래?"

글로 적고 보니 답답하고 숨쉬기도 힘들다. 귀가 아프기도 하겠다. 계속해서 잘못한 나를 비난하는 이야기에 귀를 닫고 싶겠다. 들어도 제대로 못 듣거나 못 들은 척할 만하다. 아이의 행동에 대해 간단히 말해도 받아들이고 수정하기도 어려울 텐데. 저렇게 쉬지 않고 말하면 무슨 말이 전달될까. 이게 계속되면 아이는 나에게 이렇게 말할 것이다.

"그래서 뭐 어쩌라고."

사춘기가 극에 달하면 이런 말을 듣게 될지도 모른다. 저 말 뒤에 '아이씨'나 욕이 붙지 않았다면 다행이다. 아이의 행동에 엄마의 말은 자극제가 되어 선을 넘게 될 것이다. 버릇없는 말투가 그냥 나오는 것이 아니다. 그렇지 않아도 고민이 많고 반항심 강한 사춘기 아이가 아닌가. 아이들의 이런 상황에도 우리는 끊임없이 수정해야 할 것이 무엇인지에 대해 고민한다. 잘 생각해 보면, **수정할 것을 찾는다는 것은 부족한 나를 찾아내는 것과 같다.** 지금 나는 그대로의 나이고 고유한 존재인데 말이다. 사춘기는 자신의 정체성을 찾아가는 시기다. 단점뿐만 아니라 장점에도 관심을 가져야 한다. 나는 무엇을 잘하고 무엇이 잘 안되는지, 어디에 관심이 가는지 그것을 탐색하는 시기여야 한다. 그런데 부모는 모두가 형성되고 갖추어진 아이를 바란다. 이런 말을 쏟아 놓는 나도 완성된 아이를 바라는 마음이었나 보다. 경험을 얻는 게 아닌 책으로 지식을 쌓듯 그냥 한 번에 보고 듣고 행동하기를 바라는 마음. **거기에 나는 없다. 누군가 만들어 놓은 양식을 그대로 받아서 따라 하고 있을 뿐. 그 따라쟁이를 나라고 생각하고 살게 만들고 있다.**

이런 내 마음을 바꾸게 하는 사건이 하나 있었다. 우연히 '인스타그램'에서 본 영상은 맑은 물이 담긴 컵에 흙을 넣어 흙탕물을 만들고 있었다. 그리고 깨끗한 물을 계속 부어 흙탕물이 다시 깨끗해지는 과정을 보여주었다. 물은 조금씩 맑아지기 시작했고 시간이 좀 흐르자 완전히 깨끗하게 변했다. 그것을 보고 알았다. 불순물을 빼기보다 맑은 물을 넣어주는 것의 의미를. 우리는 잘못된 부분을 보면 수정하려 든다. 아니, 아예 삭제해 버리려 한다. 만약 흙탕물이 든 물이 있다면 아마도 컵에 물을 버릴 것이다. 그리고 다시 새 물을 담을 것이다. 아이에게도 그렇게 새로운 사람이 되라고 하고 있다. 아이는 자신이 가지고 있는 고유함이 있는데 우리는 그것이 무엇인지 기다려 주지도 않고 그냥 깨끗한 물로 바꾸듯 다른 사람이 되라고 한다.

빼야 할 것만 바라보는 엄마, 고쳐야 할 것만 보는 엄마. 아이의 좌절감만 커진다. 큰아이를 그렇게 키웠다. 자신의 중심을 가지고 자신만의 스타일을 알아가는 과정을 겪기보다 단번에 바꾸게 하는 것이 답인 줄 알았다. 그렇게 키웠던 아이는 반항의 고속도로를 만났다. 우여곡절 끝에 자신의 길을 가고 있지만 아직도 내 입에서 나오는 말은 쉽게 고쳐지지 않는다. 이런 나도 그냥 나라는 것을 받아들이고 있다. 아이뿐만 아니라 내게도 적용하게 된다. 그럼 나는 무슨 말을 아이에게 해줄까. 내가 고쳐야 하는 부분에 집중하기보다 내가 할 수 있는 말은 무엇인지를 생각해 본다. 올라오는 감정에 따라 변하는 엄마지만 오늘의 내 모습도 나이기에 당장 내가 할 수 있는 것이 무엇인지 그것에 집중한다.

"덥지? 시원한 음료수 하나 만들어 줄까?"

다정함이 필요해

나는 생각이 참 많습니다.

나는 생각을 오래 합니다.

그래서 나는 시간이 많이 필요합니다.

그래서 나는 쉽게 나서는 것을, 쉽게 다가가는 것을 어려워합니다.

그렇지만 나는 상대를 살핍니다. 그 사람의 표정과 말에 귀 기울입니다.

그와 내가 연결되기를 소망합니다.

연결점을 찾으면 혼자 반갑습니다. 행복합니다.

그도 나와 같기를 바라며 말을 건네봅니다.

가끔은 어긋나기도 하지만 나의 다정함이 전달되어 소통되는 때는 기쁩니다.

어긋나서 불편함이 올라와 상대에게 부정적인 마음이 들기도 합니다.

또 듣다 보면 생각의 방향이 다름을 인지합니다.

그래서 조금은 이해하는 마음으로 바라보려고 합니다.

나는 다정한 사람입니다.

다정하게 대하는 것은 나도 그 다정함을 원하기 때문입니다.

언젠가 다정함이라는 단어에 꽂혔을 때 블로그에 쓴 글이다.

누군가 강한 느낌으로 나를 대하면 긴장되고 위축되곤 했다. 천천히 차분한 속도의 대화를 나누고 싶었다. 따지듯이 묻지 않고 부드럽고 다정한 질문을 받고 싶었다. 바짝 다가오면 한쪽이 벽인 곳으로 자꾸 밀리는 기분이 들었다. 당황해 어디서부터 어떻게 말해야 할지 몰라 횡설수설했다. 열심히 무언가를 따라 달리다 보면 어느새 상대는 사라지고 없었다. 혼자 남겨지고 멍한 상태로 현실을 파악하느라 다시 시간을 들였다. 한바탕 회오리바람이 몰아치고 간 느낌이었다. 그러고 나면 어떤 때는 눈물이 나기도 했다. 속상해서. 프라이팬에 볶인 채소가 된 기분. 나를 이쪽저쪽으로 마구 뒤집고 휘저어 놓고 가버린 듯한 기분. 이제는 더이상 사람들이 나를 그렇게 대하도록 내버려두고 싶지 않다.

『테니스 이너게임』이라는 책에는 이런 구절이 있다.

'이 씨앗이 자라 땅 표면을 뚫고 올라올 때, 미성숙하다고, 발육이 불완전하다고 비판하지는 않는다. 막 돋아난 싹이 처음부터 꽃을 피우지 않는다고

비판하지도 않는다.'

처음 마주한 것에 서투르고 유독 긴장감이 높은 나로서는 오십이 된 나이에도 발표하나 하기가 얼마나 힘에 겨운지 모른다. 이 나이에 무슨 발표를 하느냐고 말하지 말아달라. 호기심 많고 배우고 싶은 나이가 따로 있는 것은 아니다. 책을 읽어도 사람들 앞에서 한 줄 소감이라도 말하려면 어찌나 긴장감이 올라오는지. 모두가 처음은 어려운 법이다. **오십이라고 다 아는 것도 아닌데 왜 서툶이 부끄러운지 모르겠다.** 그럴 때 용기 나게 하는 응원의 말 한마디, 끝나고 나서 격려의 한마디가 얼마나 고마운지. 『테니스 이너게임』에서는 어떤 씨앗에게도 비판하거나 타박하지 말라고 이야기한다. 무엇을 하든 그것을 시작했다는 것에, 해내려는 용기에 박수를 보내주어야 한다. 그것이 다정함의 하나라고 생각한다. 그 사람이 나아가고자 하는 방향을 향해 지지를 보내주는 것이다.

다정함이라는 것은 배려의 다른 이름이기도 하다.

우거진 숲에 빽빽이 들어찬 나무들이 어떻게 함께 살아가는지 보면 나무는 자기들 사이에 정해진 규칙처럼 적당한 사이를 두고 자라는 모습이 보인다. 가지를 더 멀리 뻗을 수 있음에도 적당한 거리를 두고 위로 자란다. 저 하늘에서 나무들을 향해 내려다보면 무늬를 그리듯 자기의 영역을 만들고 있음을 관찰할 수 있다. 바람이 불어 서로 엉겨 붙지 않을 만큼, 햇볕을 잘 받을 수 있는 정도의 영역을 만들어 가면서. 그것은 그 산을 혼자 모두 차지하려는 마음이 아니다. 산은 혼자가 아닌 여럿이 함께 공존하는 장소이기 때문이다. 함께하기 위해 가져야 하는 배려는 나와 타인을 위한 것이다. 공존하며 생존하기 위해 서로를 도와주고 보살피는 마음을 갖는 것이다. 지나치지도 너무 소극적이지도 않게 적당함을 가져야 한다.

나무들이 모여 산을 지킨다. 산을 지키려면 나무들이 뿌리를 내리고 굳건히 버텨주어야 한다. 나무가 없는 산은 산이 될 수 없고 홀로 선 나무는 바람을 막아낼 수도, 흘러내리는 흙을 붙잡을 수도 없다. 그 나무들이 함께 하지 않으면 산을 지켜낼 수 없다. 함께하는 동료들이 있기에 가능해진다. 그러려면 서로의 적당한 거리를 두고 자라야 한다.

또 다정함은 적당한 거리 두기다. 우리가 사는 이곳도 마찬가지다. 나 혼자가 아닌 모두가 함께 모여 산다. 그러니 다정함의 거리가 필요하지 않을까.

처음 만나 인연이 만들어지기까지 서로에 대해 이해하고 알아가는 시간이 필요하다. 그럴 때 다정함은 어떤가. 관계 안에서 다정함은 언제나 따뜻하다. 나를 생각하는 작고 사소한 행동에서 묻어나는 다정함에는 따뜻함이 느껴진다. 드라마 〈눈물의 여왕〉에서 주인공 홍해인을 따라 우산을 받쳐 드는 김수현을 보았다. 쏟아지는 빗속에 움직이던 차가 멈추고 김수현이 먼저 내려 우산을 펼쳤다. 홍해인은 차에서 내리자 먼저 앞서 걸어간다. 그 뒤로 우산을 받쳐 든 김수현이 쫓아간다. 둘은 서로 다툰 상태였지만 우산은 앞서가는 홍해인을 향해 기울어져 있다. 갑자기 멈춘 뒤 돌아서 말을 거는 홍해인, 우산은 여전히 그녀를 향해 기울어 있다. 어깨가 다 젖도록 그렇게 서서 자신의 이야기를 듣는 김수현의 어깨가 그녀의 눈에 들어온다. 이런 것이 다정함이다. 여자들은 누구나 이런 장면을 기대한다. 어떤 상황에도 나에게 다정한 사람. 그런 사람과 함께 하고 싶어 한다. 남자들도 마찬가지일 것이다. 누구나 자신에게 다정한 사람과 함께하고 싶어 한다. 우리는 그렇게 서로를 향해 다정함으로 다가가야 한다. 상대가 원하지 않는 필요 이상의 사이를 요구하지 않고 부드러운 말로 대해주면서. 그러니 다정함은 부드러움이기도 하다.

다정함은 인정과 지지 안에 있다. 응원과 격려에도 있다. 배려와 적당함, 따듯함과 부드러움도 지니고 있다. 세상 누구보다 내가, 제일 먼저 나를, 다정하게 대해야 한다. 그것이 가장 먼저다. 다정함으로 대해주길 바라듯 나도 누군가를 위해 다정함으로 다가가고 싶다.

p.s 아버지의 어머니에 대한 다정함이 자녀를 성숙시킨다.
그 어머니가 자식을 대하는 장면은 어떠할까. 마음의 평안과 행복이 주어진 상황에서 아이를 대하는 엄마의 태도는 너그러울 것이다. 급하지 않게 여유로운 마음 안에서 아이를 바라보게 될 것이다. 아이가 잘되길 바란다면 세상의 남자들이여, 아빠들이여 부인에게 다정하라. 이 말에 발끈할 아빠들이 있다면 할 수 없다. 모든 상황이 완벽하게 들어맞는 것은 아니겠지만 깊이 생각해 보면 알게 될 것이다.

주부, 은퇴가 가능할까?

주부에 대한 직업적 평가가 높아지기는 했으나 분위기만 그런 것 같다. 주부들이 체감하기엔 아직 부족하다. 국어사전을 찾아보니 주부는 한 가정의 살림살이를 맡아 꾸려가는 안주인이라고 되어있다. 살림은 한집안을 이루어 살아가는 일을 뜻하기도 하는데 두 사람이 결혼해 하나의 가정을 이루면서 살림이 시작된다. 그리고 자녀가 태어나 살림의 규모는 점점 커진다. 혼자서는 해내기 힘든 일인데 다수의 주부는 그것을 혼자 도맡아 하고 있다. 아이가 성인이 되고 나면 과연 주부라는 직업을 그만둘 수 있을까 상상해 본다. 주부들에게 과연 은퇴가 있을지 생각해 보았다. 자녀가 각자 자신의 보금자리를 만들어 분가하고 남편도 살림할 수 있다면 주부 혼자서 해야 할 이유가 없지 않을까. 그러면 그때가 은퇴하기 적당한 때지 않을까?

주부는 살림을 사는 사람인데 살림은 '살리다'라는 뜻이 있다고 누군가는 말했다. 한 사십 년쯤 살리고 나면 주부로서 역할은 그만해도 된다고 생각한다. **그만큼 했으면 누군가를 살리는 삶이 아닌 자신을 살리는 삶을 살아야 하지 않을까.** 물론 가족을 살리는 삶도 중요하다. 그렇지만 그것은 자신보다는 자녀나 남편 또는 부모님에게 초점이 맞춰져 있지 않은가.

tvN 〈다시, 언니〉에서 육십 대 여성분이 나와 자신은 돌봐야 할 사람이 많아 아직 주부 은퇴를 하지 못했다고 말을 꺼냈다. 양가 부모님과 손녀, 아픈 딸을 돌보느라 아직 그럴 수 있는 상황이 아니라고 했다. 자신을 위한 시간은 하루 두 시간에서 세 시간 정도라고 했다. 자신이 없으면 안 된다는 부담감과 책임감으로 가족을 돌보는 삶을 사는 것이다. 가족들을 위해 사는 삶이 의미 있고 가치 있는 일임을 우리 모두 알고 있다. 그렇지만 사십 년의 세월 안에 나의 존재를 빛나게 해줄 무언가가 있었다면 어땠을까. 그 여성분은 가족을 돌보면서 자신을 들여다볼 여력이 있지 않았을 것이다. 그저 살다 보니 시간은 가고 하루하루를 견뎌내고 나니 그만큼의 세월이 지났을 터이다. 여성은, 주부는 가족과의 삶 안에서 나를 찾고 나를 돌보는 시간을 가질 수 없는 것일까.

이제 갓 결혼하는 젊은이들이 주부로 산다고 하면 뭐라고 말해줄까. '주부 참 괜찮아.'라고 말할 수 있을까. 그 대답은 내가 주부로서 어떻게 살았는지에 따라 다를 것이다. 만약 그렇다고 대답하는 사람이 있다면 그 사람의 삶을 들여다보고 싶다. 누군가 주부를 직업적으로 선택하기를 원한다면 강력히 추천할 수 있는가? 남들이 모두 인정하는 사회적 가치를 지닌 직업의 하나로 분류되기엔 아직 어색한 건 왜일까. 아직 나만 어색한 것일 수도 있겠다. 출퇴근 시간도 없고 오직 나로 살 수 있도록 집중할 수 있는 시간과 공간을 갖기란 어렵다. 그런 상황에도 괜찮다며 말하는 이의 기준은 어디에 있는지.

요즘은 아내를 대신해 남편들이 주부가 되는 경우도 많다. 막내 친구 아빠는 일 년 휴직해 쉬면서 아이를 돌보고 가사를 책임졌다. 청소도 식사를 준비하는 것도 잘하고 있는 듯했다. 당사자도 부인도 만족했다. 그래도 부인은 남편이 다시 직장에 나가야 한다고 생각하고 있었다. 그 집 남편은 생각보다 가사가 적성에 맞는다며 슬며시 직장과 고민하는 듯 보였다.

가정에서 주부의 역할은 부각 되어 보이진 않아도 그 존재가 얼마나 중요한지 말하지 않아도 모두 알 것이다.

은퇴는 일에서 물러나 한가히 지내는 것을 말하지만 요즘 일을 한다는 것은 한 사람으로서 활동이 가능하다는 증명이기도 하다. 우리는 사회에 나가 사람들과 관계하며 움직이길 원한다. 그것으로 자신이 아직

건재함을 확인하기라도 하듯이. 한가히 지내길 원하는 사람도 있겠지만 몸을 움직여야 건강한 노년의 삶을 살 수 있다는 생각이 대체적인 것 같다. 아직 활동 가능하다는 것, 몸을 움직임으로 정신적 건강까지 챙길 수 있다는 장점이 더 크다. 거기에 상황에 따른 역할을 맡기보다 자신이 원하는 것, 그 선택을 통해 활동하고 싶은 것이다. 주부가 은퇴하면 한 사람으로 진짜 하고 싶은 일을 하며 살고 싶은 마음일 것이다.

이제 살림을 시작하려 주부가 되는 사람들에게 말하고 싶다. 자신이 원한 선택이고 그 자리의 소중함은 자신이 채워가는 것이라고. 선택했으니 그 자리에서 당당하게 해내라고. 가족이라는 울타리 안에서 남편과 자녀가 함께 도와주지 않는 한 주부의 자리는 영원하겠지만 말이다. 엄밀히 말하면 나 혼자 살아도 살림은 살아야 하니 모두가 주부이지 않을까? 가족에서의 주부는 아이들도 떠나고 남편이 퇴직하면 일의 양은 줄게 된다. 그래서 주부로서 은퇴는 가능해질지 모르나 엄마로서 은퇴는 없겠다는 것이 나의 결론이다.

은퇴하겠다는 생각은 이 일에 대한 가치와 감사함을 몰라서가 아니라 그것이 내가 진짜 원하는 일이냐는 물음에서부터 나온다. 지금 하는 일이 내 삶의 의미와 얼마나 닿아있는지를 묻는 것이다. 주부의 은퇴는 가능하다. 그러나 인정받지 못한 주부의 역할은 더 이상 하고 싶지 않다.

주부의 의미와 가치도 중요하지만 나 자신에게 초점을 맞춰 살고 싶다는 말이다.

흔들림 속, 나를 만나는 질문들

오십이라는 시간은 '다 알고 있다'는 착각에서 '아직 모르는 나'를 마주하게 되는 때입니다. 이 부록에는 인생의 계절이 바뀌는 시점에 그동안 무심히 지나쳤던 나의 마음과 내 안의 목소리를 조용히 들여다볼 수 있도록 짧은 질문들을 담았습니다.

지금, 삶의 어느 자리쯤에 서 있든 당신도 모르게 지나온 나를 다시 한번 만나보기를 바랍니다.

1. 반응과 습관

- 나는 어떤 상황에서 가장 민감하게 반응하나요?
- 요즘 내가 스스로를 다그치는 말버릇은?
- 요즘 나의 가슴을 뛰게 하는 것은 무엇인가요?
- 그것을 할 때 기분을 표현해 본다면?
- 최근에 주로 느끼는 감정은 무엇인가요?
- 요즘 자주 하는 행동이 있다면?

2. 가치와 신념

- 지금의 나를, 나는 얼마나 신뢰하고 있나요?

- 그 신뢰의 바탕에는 무엇이 있나요?

- 그동안 나를 지켜왔다고 생각하는 신념은 무엇인가요?

- 내가 살면서 가장 중요하게 생각했던 가치는 무엇인가요?

- 인간관계에서 무엇이 가장 중요했나요?

3. 기억과 경험

- 나를 지켜준 신념을 통해 무엇을 경험했나요?

- 가장 기억에 남는 장면은 어떤 것이 있나요?

- 나를 가장 힘들게 했던 기억이 있다면?

- 인생에서 가장 중요한 경험은 무엇이었나요?

- 내가 가장 자랑스러웠던 순간은 언제인가요?

- 살면서 가장 재밌어했던 것은 무엇인가요?

4. 변화와 바람

- 앞으로 달라지고 싶은 부분이 있다면?

- 달라지고 싶은 이유는 무엇인가요?

- 그 부분이 어떻게 달라지길 원하나요?

- 어떤 것을 할 때 기쁨을 느꼈나요?

- 주위 사람에게 어떤 응원의 말을 듣고 싶나요?

- 그 감정은 어떤 색깔을 가지고 있나요?

- 감정에 이름을 붙인다면?

리셋

: 비우고, 다시 바라보다

삶은 여전히 실수의 연속이다. 그래서 연습이 필요하다.

지금 내가 선 자리를 가만히 바라보고,

내가 향하고 있는 길을 다시 확인해야 한다.

어이없는 실수, 늦은 거 아니야

 스무 살 초반에 나는 지나간 십 대를 떠올리며 후회했다. 더 정확히 말하면 과거의 어느 시점, 기억의 몇 장면 안에 갇혀 지냈다. 그중 하나는 고등학교 원서 쓰기를 앞두고 있었던 일이다. 반 친구들 성적이 고스란히 적힌 종이를 들고 내 성적의 라인을 따라 평균을 찾았다. 손가락 끝이 가리킨 곳에 딱 기준점수가 적혀있었다. 심장이 쿵쾅거렸다. 너무 좋았다. 다행이라 생각하며 한 번 더 확인했는데 분명 그러했다.

 전화기를 들고 버튼을 눌렀다. 아버지에게 기쁜 소식을 전하기 위해서였다. 아버지는 잘했다며 기뻐하셨다. 전화를 끊은 뒤 뿌듯함을 안고 종이를 다시 보았다. 아까처럼 손가락으로 내 이름에서부터 주욱 선을 따라갔다. 그런데 이게 어찌 된 일인지, 아까 보았던 것과 다른 숫자가 있었다. 그럴 수는 없었다. 확인까지 했는데 도대체 어떻게 된 건지 이해가 되지 않았다. 다시 보는 내 평균은 2점 모자란 숫자였다. 다른 친구의 점수를 보고 내 것이라 착각한 모양이다. 내 눈과 손가락이 서로 다른 방향을 가리킨 것일까. 가슴이 또 뛰기 시작했다. 어떻게 해야 할까. 그냥 이대로 있어야 할까, 몇 분을 고민하다 '어떻게든 방법이 있겠지.' 하는 마음에 용기를 내어 아버지에게 전화를 걸었다.

"에이, 그것 하나 제대로 못 보고, 쯧."

아버지의 대답은 짧았지만 내 마음은 덜컹하고 내려앉았다. 아버지가 매를 드실 것도, 집에 오셔서 크게 혼내실 것도 아니라는 것을 안다. 그렇지만 아버지 목소리는 내 가슴을 묵직하게 내리눌렀다. 결국 나는 도시에 있는 고등학교를 지원할 수 없게 되었다. 그 한 번의 기회를 놓쳐 버렸다. 아버지에게 칭찬받을 또 한 번의 기회도 마찬가지였다. 당시에는 대도시로 나가는 것이 인생의 대단한 전환점이라도 되는 것처럼 여겼는데 말이다. 나에겐 기회를 놓쳤으니 돌아가거나 다른 방법을 찾거나, 늦었다는 뜻처럼 여겨졌다. 제대로 파악하지 못하고 아버지께 전달까지 했으니. 기준에 맞추지 못한 것보다 제대로 확인하지 않은 것이 더 부끄러웠다. 그냥 숨고 싶었다.

언제든 무엇이든 마음만 먹으면 할 수 있다는 것을 알면서도 그때 나는 그 일 하나로 점수도 못 챙기고 눈을 뜨고 제대로 보지도 못하는 나로 만들어버렸다.

이십 대 후반에는 여행을 가지 않은 것을 후회했다. 비행기는 외국에 일이 있거나 유학을 가는 사람들이 탄다고 상상했던 모양이다. 사회 초년생 때, 회사에서 상사의 항공권 예약 번호를 받았을 때 신세계 이야기처럼 들렸다. 결혼하며 신혼여행으로 공항에 갔을 때는 비로소 해외 나가는 사람이 참 많다는 것을 알았다. 서너 살 어린 회사 동생들은 이미 해외여행을 다녀온 경험이 있었다. 처음 그 이야기를 듣고는 속으로 문화적 차이를 느꼈다. 해외는 고사하고 국내 여행도 다니지 않은 나는 그동안 무엇을 했었나 싶었다. 직장 생활을 누구보다 열심히 해 전문가가 된 것도 아니고 돈을 많이 모아둔 것도 아니었다. 당장 내일을 걱정해야 하는 삶도 아니었는데 여행이라도 다닐 걸 하는 후회가 올라왔다.

이제는 내가 취업한다면 일할 곳이 있을까 싶은 마음이 드는 나이가 됐다. 오십쯤이 되면 아이들이 커서 손도 덜 가고 집안일도 능숙해진다. 남는 시간이 많아진다는 뜻도 된다. 그러다 보니 무엇을 하면서 보낼 것인가 고민하게 된다. 처음에는 여유롭게 차도 마시고 놀고 싶은 마음이었다가 점차 취미 생활과 구직 활동으로 나뉘게 된다. 그런데 시간의 여유가 생긴 만큼 아이들 사교육비 지출이 늘어난다는 것을 알고 일을 시작하는 분위기로 바뀐다. 어떤 일을 할까, 무슨 일을 할 수 있을까 고민하는 모습들.

나도 때로는 사회에 나가 일하고 싶다는 마음이 올라온다. 무엇을 해야 할까. 과연 무엇을 할 수 있을까. 웬만한 전문직이 아니고서야 여자들이 일할 곳은 몇 군데 없다. 무엇을 배워서 취업하기에 자영업 말고 또 있을까. 새로운 기술을 익히고 취업에 성공하기가 어디 쉬운 일일까 싶지만 그래도 도전하고 싶다.

어떤 사람들은 이렇게 말한다. 그 나이에 배워서 뭘 할 거냐고. 그냥 그대로 집에 있으라고, 세상이 그리 만만한 줄 아느냐고.

이런 말을 듣는 나는 어처구니가 없다. 누가 세상 무서운 줄 모르나. 사회에 필요한 사람이 이삼십 대 젊은 청년만 있는 것은 아닌데 말이다.

운동도 마찬가지다. 운동은 건강을 위해 꾸준히 해야 한다. 그래서 매일 15분 정도 하는 근력운동 모임을 시작했으나 쉽지 않다. 칠십에서 팔십쯤으로 보이는 할머니가 헬스장에서 운동하는 영상을 본 적이 있다. 아담하고 마른 체격의 할머니는 어떻게 헬스장에 다니게 된 것일까. 헬스장은 운동하는 곳이니 누구라도 다닐 수 있지만, 깡마르고 허약해 보이는 할머니가 다치시지 않을까 걱정이 앞섰다. 그러나 내 걱정은 기우였다. 운동 후 극적인 변화는 없었으나 이전보다 탄탄한 모습으로 변해가고 계셨다. 힘이 생기고 건강해 보이셨다.

운동뿐만 아니라 사업에도 뛰어들고 모델 등으로 활동하시는 분들도 많다. 나보다 더 한참 많은 나이임에도 불구하고. 언제든 무엇이든 우리는 할 수 있으니까.

뇌를 속이라는 말이 있다. 미래에 되고 싶은 나를 상상해 현재의 나를 대하고, 마치 그런 것처럼 행동하라고 한다. 그래서 말을 함부로 하지 말라고 하지 않는가. 못된 말과 질책과 비난으로 나를 조정하지 말고 긍정적이고 지지하는 말로 나를 대해라. 누군가는 그것을 자신에 대한 '가스라이팅'으로 표현하더라.

결국 늦었다는 것은 내가 나에게 부여하는 것이다. 그 기준은 지극히 주관적이다.

오늘이 어제보다 늦은 것은 맞다. 하지만 내일은 오늘보다 더 늦다. 그러니 더 늦은 내일이 오기 전에 오늘 당장 하자.

삶에도 연습이 필요해

오늘도 김미경 씨는 능숙하게 무대 위에서 강연했을까. 그녀가 처음부터 무대에 섰던 건 아니다. 피아노 학원을 운영하다 어떤 계기로 사람들 앞에 서게 된 것이라고 했다. 피아노를 가르치던 사람이 어떻게 대중앞에서 이야기하게 되었을까. 거기다 자신의 이름을 딴 〈MKYU〉를 만들어 스스로 학장이 되었다니. 그녀의 이야기는 항상 감동이 동반됐고 사람들을 울리고 웃겼다. 특히 사회에서 살아남기 위해 고군분투하는 여성들에게 힘이 되어 주었다.

무대에서 강연하는 사람을 떠올리면 또 한 사람 생각나는 건 김창옥씨다. 약간의 사투리 억양이 섞인 말투. 그는 성악을 전공했고 초창기에 보이스 컨설턴트를 하다가 강연가가 되었다. 자신의 이름을 건 쇼를 진행하게 되고 방송에 출연하는 유명 강사가 되었다. 그 또한 자신의 삶을 통해 배운 것을 어쩌면 그렇게 잘 풀어내는지. 남자 강사 중에 동네 오빠 같은데 말 잘하고 재밌고 깊이 있는 사람이다.

그들이 현재의 자리에 오르기까지 지나와야 했던 많은 여정이 있을 것이다. 현재도 끊임없이 발견하고 적용하며 길을 찾고 있을 것이다. 그런 두 사람 모두 부럽다. 멋지고 우아하고 아름답다. 내가 만약 무대 위에서 강연하게 된다면 그들처럼 푸근했으면 좋겠다. 친근하게 느껴져 가볍게 들으러 왔다가 진하게 진동하는 향기를 느끼고 간다면 좋겠다. 무대에 강연가로 선 적도 없고 설 일도 아직 없지만 그런 상상을 해 본다. 그들은 무대에 설 때마다 어떤 기분이고 어떤 마음으로 하는지 궁금하다.

어릴 때 친구들 앞에서 말도 잘 못했던 내가 사람들 앞에 설 수 있을까. 중학교 때, 어떤 경험담을 나누는 시간이었는데 내가 손을 들었다. 평소 조용했던 나는 긴장감 없이 웃으며 앞으로 나갔다. 교실 앞에 나가 무슨 말인가를 하다가 혼자 울컥했고 눈물을 쏟았다. 한 문장을 다 말하지도 않았는데 이야기 속에 무엇이 그렇게 서러웠는지 울음을 멈출 수가 없었다. 우는 나도 나를 이해할 수 없는 상황, 순식간에 아이들 사이에 정적이 흘렀다. 자리로 돌아가서도 한참 울었던 것으로 기억한다. 방학에 있었던 일을 발표하는 상황이라면 '지난 방학 때 집에서 엄마가' 하다가 울어버린 꼴이었다. 나는 무엇을 말하려고 했을까. 어느 부분에서 감정이 격해졌던 것일까.

사람들 앞에 나가 말을 하려면 내 감정부터 정리되어야 한다. 주제도 정확해야 하고 끝까지 분명한 목소리로 말해야 하는데 무슨 말을 하려고 앞에 나갔던 것일까.

온라인상에서 아주 가끔 발표할 기회가 있었다. 발표를 생각만 해도 긴장되고 가슴이 떨렸다. 심장이 너무 뛴 나머지 상의로 입은 옷이 함께 진동하는 게 내 눈에 보일 정도였다. 양쪽 목 주변을 타고 올라가는 맥박이 내 귀에 울리는 듯해서 발표하기 전까지 귀가 먹먹해질 정도였다. 그러니 발표하는 중에는 어떨까. 앞뒤 없이 장황해지거나 말의 시작과 끝을 알 수 없는 불분명한 말투가 이어졌다. 그런 나의 이야기를 들으려고 사람들은 조용해졌고 나를 향한 시선과 적막이 나를 더욱 조여 왔다.

어쩌다 하는 거라 그런 건지, 남들보다 더 많은 경험치가 필요한지도 모른다. 그런 내가 가장 먼저 해야 하는 것은 사람들의 시선이 집중되었을 때 안정하는 것이다. 호흡을 가다듬고 물을 마셔도 쉬이 가시지 않는 긴장감. 능숙한 사람도 있겠지만 자주 무대에 서도 긴장하는 강연가도 있을 것이다. 모두가 오랜 시간 버티며 해온 자기만의 노하우가 장착해 있을 것이다.

사람들 앞에서 말도 잘 못하던 내가 무대에 서는 기회가 생겼다. 악기를 통해서였다. 처음 악기를 배울 때는 설마 내가 무대에 설 거라곤 상상도 할 수 없었다. 학교는 학생들이 악기 하나 정도는 다룰 수 있고 감성 풍부한 아이들로 자라게 하자는 취지였다. 기초는 알아야 할 것 같다며 아이들 도우미를 지원한 엄마들에게도 배울 기회를 주었다. 아이들을 위한 수업이었지만 엄마들에게 특별한 시간이 되었다. 누구보다 열심히 배웠고 즐겼다.

한 해를 마무리할 무렵 오케스트라 아이들과 그간의 실력을 보여주는 발표를 하게 됐다. 도우미뿐만 아니라 악기 배우기에 순수하고 열정적이어선지 무대에 오를 기회가 주어졌다. 처음엔 '설마 우리가?' 했다가 자연스럽게 연습이 진행되었다. 많은 시간을 연습해도 긴장감은 떠나지 않았다. 여러 사람과 함께 하는 연주니 묻어갈 수 있는데도 손이 덜덜 떨렸다. 그래도 혼자가 아닌 것에 위안을 삼았다. 대기하는 동안 아는 학부모를 만나거나 눈맞춤이라도 할까 피하면서.

처음 하는 것 치고 많이 틀리지 않았고 무사히 연주를 마치고 무대를 내려올 수 있었다. 후련하고 즐거웠다. 끝나고 나니 또 하고 싶다는 마음도 올라왔다. 작은 무대였고 우리끼리의 행사였지만 좋았다. 그 뒤 당시 선생님의 주선으로 지역의 큰 무대에 설 기회가 생겼다. 그런 공연장은 처음이니 무대 뒤의 풍경은 어떤지 알 수가 없었다. 대기실도 들어가 보고 리허설도 하고 공연 순서를 기다리며 간식도 먹었다. 공연자가 아니라면 무대 뒤는 '관계자 외 출입금지'로 들어가 볼 수 없는 금지된 장소로 기억했을 것이다. 무대의 여러 시설과 리허설을 통한 순서 익히기나 입장과 퇴장 연습도 신기하고 재밌기만 했다. 우리 실력에 가당키나 했을까. 선생님의 격려와 도움이 없었다면 불가능했을 것이다.

바이올린. 바이올린이라니. 내가 배우게 된 악기는 바로 바이올린이다. 이 이야길 꺼내기가 두려웠다. 얼마나 됐는지, 어떻게 배우게 됐는지, 실력이 어느 정도인지 궁금해하고 질문을 해올 것이기 때문에. 더군다나 바이올린처럼 예민한 악기를 다룬다는 게 얼마나 어려운지. 긴장하기 시작하면 눈에 띄게 손도 떨면서. 악기를 배우고 일 년쯤 지났을 땐 긴장하면 손을 떠니 자연스레 비브라토가 되겠다며 우리끼리 농담을 주고받았다. 비브라토는 지판 위의 현을 누르는 왼 손가락을 움직여 내는 소리다. 그런데 왼손이 아니라 활을 잡은 오른손이 떨며 흔들리는 소리를 내게 될 거라며 웃었다. 그만큼 긴장도가 높은 내가 바이올린을 잡게 된 것이 신기하다. 코로나로 잠시 연습이 주춤했고, 그 후로도 꽤 시간이 흘렀으나 실력은 여전해 부끄러웠다. 매일 꾸준히 연습했더라면 지금보다 나을 텐데. 악기를 한다면서 연습은 얼마나 했던가. 무대에 서고 싶은 마음이 저 아래서 꿈틀대는데 무엇으로 무대를 올라간단 말인가. 연습도 하지 않고 실력도 없고 이름도 없는 비전공자를 누가 불러줄 것인가.

2장

이 어려운 악기를 접하며 연습실에서도 긴장하는 나를 보면서 비장한 각오를 세웠었다. 극복해야겠다고, 극복하고 싶다고. 그래서 대공연장 무대에 섰던 그날의 희열을 다시 느끼고 싶다고. 주목받고 박수를 받는 그 감동. 오랜 시간 연습을 통해 무대에 섰던 한 번의 경험이 나를 이끌었다. 긴장감을 극복하고 연주에 몰입하는 그날을 꼭 다시 만나겠다고. 매일 아침 아홉 시 알람이 울린다. 악기를 꺼내 연습하라는 알람이다.

나를 되살리는 글쓰기

세상이 온라인 안에서 다양하게 펼쳐지면서 사람들은 그곳에 자신의 마음을 담기 시작했다. 하고 싶은 이야기, 먹고 싶은 음식, 사고 싶은 물건, 가고 싶은 곳 등 다양한 주제로 자신만의 목소리를 내고 있었다. 종이 위가 아닌 키보드 위의 자음과 모음들이 모여 글자가 되고 문장이 되었다. 그리고 그것은 이야기가 되었다. 여기저기서 그 방법을 배워야 한다고 강조했다. 글쓰기 강좌들이 생겨났고 너도나도 자신의 스토리 계정을 만들었다. 아직은 온라인과 오프라인상에 다양한 방법이 공존하고 있지만 온라인이 나를 알리는 홍보 역할을 톡톡히 했다. 그것을 알기 전까지 어렵게 여겨졌지만, 온라인 홍보는 좀 더 쉽고 빠르고 효율적이었다.

그중 한 가지는 블로그다. 블로그에 생각을 담은 글을 쓰며 어떤 것에 관심을 두고 있고 어떤 활동을 주로 하는지 보여줄 수 있게 됐다. 블로그 방문자가 많아지니 그것을 토대로 책이 나오기도 했다. 그런 글이 더 발전해 책에도 변화가 일어났다. 종이로만 출간되던 책이 PDF 형태의 파일로 만들어지고 전자책이라는 개념으로 활성화되었다. 책을 출간하는 방법도 다양해져 전문 작가가 아닌 평범한 사람들이 책을 냈다는 소문이 많아졌다. 개인 저서든 공저든 책을 쓰고 강의를 다니는 모습도 두드러졌다.

책을 출간한 사람과 그렇지 않은 사람의 강사료 차이가 크다는 이야기를 듣게 되었다. 코로나가 시작되기 전 그림책 모임에서 학교에 수업을 나갈 기회가 생겼을 때 알게 되었다. 나는 진행하는 강사가 아닌 보조로 따라가는 상황이었다. 경험이 없는 나로서는 보조로 가는 것도 정말 만족했다. 워낙 잘하는 분들이라 현장에서 직접 보고 배우는 경험만 해도 마치 내가 수업하고 온 것처럼 좋았다. 출근하는 기분을 느낄 수도 있었고, 등교하는 아이들과 함께 학교로 들어가는 것과 그 아이들을 직접 만날 수 있다는 것이 너무 좋았다. 앞으로 그런 기회가 더 많아지길 기대하고 있었는데 코로나로 사라지고 말았다.

인근에서 다른 분들의 강의에 자원해 보조로 들어갔을 때 강사료에 대해서는 전혀 관심이 없었다. 내 몫이 아니었고 나와는 전혀 무관한 것이었으니까. 한 학교에서 강사료 지급을 위해 이력서를 보내 달라고 연락이 왔다. 보조 강사인 나는 굳이 쓸 일이 있을까 싶었는데 필요하다고 했다. 너무 오래된 일이라 경력란을 쓰기가 멋쩍었다. 학교도 직장도 딱히 써낼 내용이 없어 너무 부끄럽다는 생각이 들었다. 그리고 굳이 말하지 않아도 되는 내용을 다른 분들과 공유한다는 생각에 마음이 불편했다. 앞으로 보조도 이력서를 제출하라고 하면 어떻게 하나 고민하면서 서류를 작성했다.

그 뒤 한 학교에서 강사료가 지급되었다. 웃음이 나왔다. 메인 강사님은 늘 혼자 받아 미안한 마음이 들었다며 함께 좋아해 주었다. 우리뿐 아니라 다른 팀에서도 수업을 다녔지만 그런 적은 처음이라 더욱 기뻤다. 그래서 알았다. 메인 강사가 강의료로 얼마를 받는지, 그리고 책을 출간한 저자는 그 금액이 배로 오른다는 것을. 책은 그 사람을 증명해 주는 좋은 도구가 되고 있었다. 그 내용이 어떻든 간에 작가가 세상에 가장 든든한 스펙이 되어 준다는 것을 느꼈다. 이렇다 할 이력이 없는 나로서는 기가 막히게 좋은 아이디어였다. 아, 그래서 책을 쓰는구나.

그렇게 나도 책을 쓰겠다고 마음먹었으나 방법을 몰랐다. 당장 급한 일도 아니었다. 더군다나 코로나는 그런 생각을 덮어두도록 만들었다. 일단 책을 더 열심히 읽어야겠다고 다짐하며 고전 필사도 함께 시작했다. 그렇게 시작된 나의 글쓰기는 또 다른 경험을 선사했다.

무엇보다 글을 써야겠다고 생각한 건 글로 쓰면 이루어진다는 것을 경험했기 때문이다. '내가 무언가 하고 싶다는 생각이 들 때 글로 적어라.' 이미 많은 사람이 증명해 보이지 않았던가. 하지만 내가 직접 경험하지 않고서는 믿을 수 없다. 나와는 먼 이야기처럼 들릴지도 모른다. 그래도 시도해 봐라. 원하는 것이 있다면 글로 적고 기록해 두라는 말을 자주 듣는다. 현재의 작은 그 행동 하나가 나를 어떻게 바꾸어 놓을지는 해 본 사람만이 안다.

　글을 쓰기 위해서 주어진 상황을 이용해야 한다. 남편이나 아이에게 해야 할 말이 있다면 감정 상태를 그저 바로 쏟아내는 것이 아니라 글로 먼저 써봐도 좋다. 그러고 나면 표현하기 어렵지만 해소되는 마음이 들기도 한다. 굳이 말하지 않아도 되고, 좀 더 정리해서 현명한 대처도 가능하다.

　말을 잘하고 싶은 사람은 우선 글부터 써야 한다. 글쓰기가 쉽지 않은 것은 안다. 처음엔 그냥 생각나는 것을 있는 그대로 써내야 한다. 가슴에 담은 생각과 감정을 글로 쏟아내고 보면 가벼워지고 해소되는 것을 느낄 수 있을 것이다. 『아티스트웨이』에서 말하는 '모닝페이지'처럼 말이다. 글이 길거나 짧거나 속에서 나오는 목소리를 글로 드러내야 한다. 그렇게 내 마음을 정리하다 보면 어느 순간 글이 되고 있다. 물론 처음에는 다시 안 보는 것이 좋다. 일기를 쓰듯 흘려보내기식 써내기를 어느 정도 하고 나면 글쓰기가 좀 편해졌음을 느끼게 되는 시점이 온다. 하고 싶은 말은 많은데 말이 잘 안 나오는 이들이 있다. 내가 그랬다. 사람들 사이에서 빠르게 정리하고 끼어들어 의견 전달이 어려운 사람은 그런 경험을 일단 글로 써야 한다. 말하기가 두려운 사람은 그 한 번의 말을 꺼내기 위해 온몸의 에너지를 끌어올려야 한다. 그러기까지 우주의 에너지를 몰고 오듯 몇 시간 전부터 준비를 시작해야 한다. 그 긴장감은 발표 이후 그 상황이 종료될 때까지 이어지기도 한다.

그래서 나는 나밖에 안 보였다. 내가 해야 할 말을 어떻게 표현하나 하는 생각에 분주했다. 독서 모임에서도 하고 싶은 말이 있으면 꼭 메모했다. 미리 적어두고 보았다. 사람들을 만나면 그 말을 할 순간을 기다렸다. 순간을 포착해야 하는 에너지도 만만치 않은데 소리를 낸다는 것은 더 큰 힘이 들었다. 온몸으로 부들부들 떨며 그 말 한마디를 위해 얼마나 애를 썼던지. 그렇게 글을 쓰고 메모하고 긴 시간의 연습이 필요했다. 익숙해져야 하는데, 그 익숙함은 시간만으로 해결되지 않았다. 나를 드러내야 했다. 십 년을 만나도 내 이야기를 하는 것에 부담을 가지는 경우가 허다했다. 그런데 글에 생각을 담으면서 나아졌다. 그런 연습을 하고 나니 글을 통해 나의 이야기를 하고 싶다는 생각이 들었다. 그렇게 나도 소리를 내고 싶어졌다.

깊어지는 나를 만나는 시간

내가 언제부터 책을 읽기 시작했을까? 책을 읽었던 이야기를 할 때면 참새 쫓으러 몰래 나갔던 여름이 생각난다. 책이 읽기 싫어 엄마 몰래 도망쳤던 그 여름.

그해 여름은 무척 뜨거웠다. 엄마의 눈을 피해 집을 나온 나는 근처 논에서 참새 쫓는 언니를 만나러 갔다. 그 일은 너무 재미있어 보였다. 이따금 논이나 밭에 나가 몰려드는 새를 '훠이훠이' 소리를 내어 쫓는 것을 보긴 했는데 논을 지키고 서서 새를 쫓는 일이라니, 신기하게 생각됐다. 논을 따라 길게 난 좁은 길 위에 땡볕을 피하라고 나뭇가지 몇 개를 세워 처 둔 검은 망. 그 아래 언니의 자리가 있었다. 무섭게 내리쬐는 여름 한낮의 땡볕은 안중에도 없었다. 거기에 자리하고 있는 언니가 너무 자유로워 보였을 뿐이다. 참새 떼가 몰려오면 '훠이훠이' 하며 팔을 휘젓는 것이 재미있어 보였다. 유난히 바람이 많이 불었다. 볕의 열기가 더해 뜨거워지기 시작한 바람에도 어디서 새가 날아오는지에 집중했다. 몇 차례 그 모습을 지켜보다가 다음은 내가 할 수 있게 해달라 부탁했다.

한참 쏘다니던 새들이 조용해졌다. 나는 열심히 주위를 살피며 기다렸다. 얼마 지나지 않아 기다리던 참새가 나타났다. 우리를 향해 오는지 잠자코 지켜보고 있다가 적절한 순간에 소리를 질렀다. 새들은 참 빨랐다. 나를 놀리기라도 하는 듯 휙 하니 방향을 바꾸어 순식간에 사라졌다. 열댓 마리 이상 몰려오던 처음과는 달리 수도 점점 줄었다. 바람이 불고 참새떼가 날아다니는 한여름 한낮의 들판은 점점 조용해졌다. 언니는 그늘진 곳에 앉았고 본인이 맡은 일에는 관심이 없어 보였다. 하지만 나는 언니가 '이제 그만 가.'라고 할까 앉지도 않고 서서 온 하늘과 들판을 주시했다. 새들은 우리 곁으로 올 생각이 없어 보였다. 몇 마리 날아오는가 싶다가도 다른 쪽으로 방향을 틀어 지나가 버렸다. 나는 아무 소리도 못 내고 그 순간만을 기다리고 있었는데 말이다.

거기에 푹 빠져 있는데 어느 순간 나를 부르는 엄마의 목소리가 들렸다. 언제부터 엄마가 나를 찾고 계셨던 것인지. 이상한 생각에 뒤를 돌아보니 엄마가 나를 보고 있었다. 맛있는 간식 몰래 먹다 들킨 사람처럼 깜짝 놀랐다. 참새가 많아 쫓아 보내기 바빴다면 따라가지 않고 더 있겠다고 고집을 부렸을 텐데 엄마를 따라 집으로 가야 했다.

　그해 여름 엄마는 나에게 심청전 한 권을 읽게 했다. 집으로 돌아와 중간쯤 읽던 그 책을 손에 들었다. 몇 장을 읽고 있으려니 졸음이 왔다. 여름 한낮 땡볕에 서 있다 왔으니 그럴 만도 했다. 아랫목 바닥에 앉아 벽에 등을 기대고 보다가 누웠다가 몸을 뒤척여가면서, 졸음에 겨워 고개를 꾸벅꾸벅 책을 읽고 있었다. 심청의 아버지 심학규가 잔치에 갔다가 딸과 상봉하는 장면이었다. 사실 그 부분이었다는 정도만 기억난다. 그만큼 졸다가 읽다가를 반복하던 중 만난 장면인데, 갑자기 눈물이 터졌다. 왜 갑자기 주르륵 눈물이 났을까. 아마 슬프게 느꼈던 모양이다. 엄마가 그 모습을 봤더라면 의아했을 것이다.

　어릴 때 엄마가 강조했던 것은 일기와 독서였다. 일기는 학교에서 숙제로 하는 것이니 어쩔 수 없이 매일 써야 했다. 독서가 중요한 만큼 집에 책이 많았던 것도 아니다. 나는 책을 즐겨 읽는 아이도 아니었다. 책한 권이 귀했던 그때, 심청전은 어떻게 우리 집에 왔을까.

　내가 다시 책을 읽기 시작한 건 서울 생활 이 년쯤 지나서였다. 버스를 타고 다닐 때는 낯선 도시를 눈에 익히기 바빴지만, 지하철을 타게 되면서 책 읽는 사람들의 모습이 눈에 보였다. 긴 이동시간을 활용하기 딱 좋았다. 책에 대해서 잘 몰랐고, 부담스러운 가격이었지만 '젠체'할 수 있어 좋았다. 매해 문학상 수상집이 나온다는 것을 알고는 그걸 주로 읽었다. 일 년에 고작 한두 권뿐이었지만 그때부터 손에 책을 들고 다녔다.

본격적으로 책을 읽기 시작하게 된 계기는 아이들에게 그림책을 읽어 주면서였다. 그림책이 이렇게 재밌을 수 있다니. 외동을 키우던 친한 엄마가 아이 책을 사 읽어주는 것을 보고 덩달아 따라 했다. 어쩌면 책을 가장 많이 읽은 시절이 그때인지도 모른다. 지식 그림책도 재밌었지만, 감성 동화를 읽어주다 울기도 하며 아이와 함께 즐거웠던 기억이 난다. 아이들이 어릴 때는 그림책과 함께 이따금 육아서를 읽는 일이 전부였다. 초반엔 카페 커뮤니티에서 진행하는 함께 읽기로 독서량이 늘었다.
접할 엄두가 나지 않았던 책을 읽게 된 건 그즈음이었다. 놀라웠던 건 평범한 주부가 읽을 일이 있을까 싶었던 그런 책을 읽어 냈다는 것. 모임의 리더님 덕에 그리스 비극까지 넘보는, 내게는 엄청난 시간이었다. 어려운 책을 매주 나누어 분량마다 읽고 모임에서 나누는 시간이 너무도 행복했다. 모임에서 한마디 해 보려고, 다른 사람들은 무슨 말을 하는지 들어보려고, 어떤 사람들이 이런 책을 읽는 건지 궁금해서, 전혀 몰랐던 낯선 시대 낯선 나라의 철학과 문학을 읽으며 즐거웠다. 어렵고 정리가 안되어 모든 문장을 필사하는 수준이었지만 읽어 냈음에 뿌듯했다. 아침 기상이 어려웠던 내가 일주일에 며칠 새벽 기상까지 하게 되었다.

페이지를 넘기며 끝까지 읽어 내고, 견디기 힘든 순간을 넘겨내고, 그것을 조금씩 해내는 나를 발견하는 시간이었다. 어느 순간 사람들과 수다가 심드렁해졌고 집에 두고 온 읽다 만 책이 자꾸 생각났다. 고전을 읽다 보면 고지식해지는 건 아닌가 하는 의문도 생겼다. 반복되는 역사 속에서 사람 사는 건 다 똑같고 여전하다는 생각도 들었다. 사람들의 시선과 말이 어렵고 무서웠던 나는 조금씩 자유로워졌다. 혼자가 두렵고 불안했던 나는 어느 순간 안에서 요동치던 파동의 크기가 줄어들었음을 깨닫게 되었다. 말에 힘이 생겼고 내 생각에 중심이 잡힌 느낌이랄까. **책을 읽는다는 것은 내 안의 나를 깊어지게 했다. 마음의 크기와 시야의 각도가 달라지게 했다.**

참새를 쫓으러 갔던 것도, 뒤늦게 낯선 책에 관심을 가지게 된 것도 나의 호기심이 작동했다고 생각한다. 내 상황에서는 경험해 볼 수 없는 일, 타인은 삶에 어떤 생각을 가지고 사는가에 대한 호기심, 먼저 산 사람들이 쓴 책은 무슨 말을 하고 있는지, 내 관심을 벗어난 다른 분야의 책은 어떤 내용을 담고 있는지 말이다. 사람들의 시선과 말에 불안했던 내가 그 호기심 덕분에 편안해지고 잔잔해졌다. 심하게 울렁거리는 푸른 바다 위 흔들리던 작은 배에 그전에 없던 돛대가 생겼다. 바람이 불면 돛을 펴고 바람을 맞으며 속도를 즐기고 원하는 방향으로 나아갈 수 있게 되었다. 지금 생각해 보니 새들도 너무 더운 여름 한낮엔 더위를 피해 조용하고 그늘진 곳에서 낮잠을 자고 있지 않았을까? 세찬 바람이 불자 그 배도 잠시 쉬어 갈 마음의 여유가 생긴 것처럼 말이다.

2장

걸으며 마음의 한계 넓히기

막내 등교 배웅을 하고 현관문에서 돌아설 때 아무도 없는 집은 갑자기 적막이 흐른다. 내 손길을 기다리는 집 안으로 들어가 어떤 날은 집안일로 정신없이 시간을 보낸다. 모두가 자기 역할이 주어진 자리로 나가고 없으면 나는 나의 역할을 위해 분주히 움직인다. 아무리 속도를 내고 아무리 단축하려 해도 매일 오전의 몇 시간은 집 정리로 보내게 된다. 그렇다고 가만히 앉아 쉴 시간이 없는 것은 아니다. 소파에 앉으면 자연스레 리모컨에 손이 간다. 식탁 의자에 앉아 핸드폰을 보며 시간을 보내기도 한다. 잠깐 보려 했다가 몇 시간이 가기도 한다. 머릿속이 멍해지며 공허함이 든다. 맥이 없는 사람처럼 목뒤부터 귀로 느껴지는 먹먹함과 흘려보내 버린 시간에 대한 짜증도 난다. 무기력한 나를 느끼며 차라리 집안일이라도 할 걸 하는 원망을 한다.

이런 날만 반복되어 기분이 가라앉기 시작하면 움직여야 한다. 옷을 갈아입거나 미처 못한 세수라도 하려는 마음을 뒤로하고 무작정 신발을 신고 문을 나선다. 해야 할 일감을 한 손에 들고 나가듯 마음에 달고 나가는 것이 아니라 뒤돌아보지 않고 그냥 신부터 신고 본다. 집을 막 나설 때는 천천히 걷지 않는다. 방향은 정하지 않고 제법 빠른 걸음으로 무작정 걸어 나간다. 집에서 어느 정도 멀어지면 그제야 조금씩 속도를 줄인다.

그렇게 상쾌한 아침 공기와 마주한다. 살랑 불어오는 바람을 느껴본다. 바람에 전해오는 상큼한 아침 향기를 맡아본다. 호흡을 크게 하고 가슴 깊이 들이마신다. 그리고 하늘을 올려본다. 바보라도 된 것처럼 미소를 지으며 계획도 없는 걸음을 걷는다. 그렇게 자연에 나를 놓아본다. 자연은 늘 우리 곁에 있다.

잘 정돈된 공원길을 따라 걷다 커다란 나무 아래 의자에 앉아본다. 사람들이 뜸하지만 아무렇지 않다. 혼자 한적한 공원을 걷는 것이 조금 어색하고 무섭다고 느끼기도 했었다. 이렇게 몇 번 무작정 나와 걷다 보니 그런 마음이 사라진다. 자연은 집에서도 마주할 수 있다. 내 자리에 앉아 창을 향해 고개를 돌리고 하늘을 보기도 하고 아래로 내려다보이는 나무의 빛도 바라보곤 한다. 집 안에서도 자연은 늘 나를 향해 있는 것을, 그렇게 마음껏 마주한다.

그런데 공간 안에 있을 때와 공간 밖에서 느끼는 자연의 에너지는 다르다. 분주히 움직이며 집안일을 하지 않으면 마치 하루 종일 누워 있었거나 텔레비전을 보며 시간을 보낸 사람처럼 머릿속이 멍하다. 쉬는데도 쉰 것 같지 않고 정신이 맑아지지 않을 때 밖으로 나가 자연과 마주하며 길을 걷고 나면 오히려 상쾌해진다.

하루 몇천 보 걷는 것은 일도 아니었던 시기가 있었다. 아이 셋을 챙기려면 학교 주변을 쳇바퀴 돌 듯 하루 종일 돌아다녔었다. 그것 외에도 동네 엄마들과 매일 운동 삼아 공원을 한두 시간은 걸었다. 커피 마시러 가더라도 걸어서 다녀왔다. 혼자 걷기도 좋았지만 함께 걷는 것도 재밌었다. 낯선 길도 걸어보고 멀리도 가보고. 한 번은 이야기를 나누다 빵집 이야기가 나왔고 우리는 모두 거기 다녀오자며 걷기 시작했다. 볕이 뜨거워져 가는 시간이라 가는 것보다 돌아올 것이 걱정되었는데 집에 오니 힘들었던 적도 있다.

운동이 아닌 노동이 되어버린 걷기도 있었다. 하루 걷는 양에 따라 돈을 모아주는 어플을 이용하면서다. 걷기 어플은 한 보에 1원씩 모으기가 가능했고 우리처럼 많이 걷는 사람들에겐 일석이조였다. 걷기 좋아하는 아줌마들은 거의 모두 사용하고 있었다. 걷는 것이 돈이 되는 시대가 오다니 신기한 일이라 생각하면서. 하지만 세상에 공짜는 없는 모양인지 걸음 수를 채우려다 후회한 적도 있다.

요즘은 맨발 걷기 열풍이 불어 벤치 아래 주인을 기다리는 신발들이 가지런히 놓여있는 것을 볼 수 있다. 그것이 유행하기 전, 혼자 공원을 걸었던 적이 있다. 아이 준비물을 급하게 건네주러 갔다가 바로 공원으로 향한 것이다. 더위가 가고 가을 선선한 바람을 느끼기 좋은, 이제 막 계절이 달라지기 시작한 때였다. 급하게 나가느라 맨발에 여름 슬리퍼를 신고 있었다. 집 근처 공원은 포장된 곳보다 흙으로 된 길이 더 많았다. 조금 걸었는데 발에 모래며 흙이 느껴졌다. 신발과 발 사이로 들어오는 먼지나 모래 알갱이를 느끼니 신발을 벗고 걷고 싶은 마음이 올라왔다. 그때는 맨발로 걷는 사람을 찾아보기 힘들어 주변을 한 번 살피고 나서 신발을 벗어 손에 들었다. 흙바닥이 조금 차갑게 느껴졌다. 처음 닿는 느낌은 낯설었지만 시원했다. 방심하면 아프기도 했으나 호기심 많은 아이처럼 기분이 싱글싱글해졌다. 발바닥에 전해오는 촉감을 통해 자연과 연결되는 듯한 기분이 들었다. 신발을 벗고 걸으니 자연스럽게 천천히 걷게 되었다. 한 번 땅에 발을 디뎠으니 다시 신발을 신을 수는 없었고 이왕 이렇게 된 거 그냥 걸어보자며 걸었다. 공원 흙길을 걷는 기분은 재밌었다. 새로운 것을 남들 몰래 처음 하는 사람처럼 설레서 좋았다. 공원 흙길은 제법 걷기 좋았는데 인도와 아파트 단지 길은 더 불편하게 느껴졌다. 공원의 길도 깨끗하다고 볼 수 없는데 오히려 거기가 더 나았다는 생각마저 들게 했다.

운동하듯 걷는 거 말고 여유 있게 천천히 걸으며 주변을 살피며 걷는 것을 산책이라고 부른다. 차분히 걸으면 또 다른 것들을 발견할 수 있다. 좀 더 자세히 들여다볼 수도 있다. 한동안은 가만히 서서 어느 한 곳만 뚫어져라 쳐다보고 있기도 하여본다. 그러면 나무 위로 올라가는 개미, 나뭇잎에 줄을 친 거미와 이름 모를 벌레가 부지런히 움직이는 모습도 보게 된다. 잎마다 다른 색들을 발견하기도 하고 나무가 만든 그늘의 선선함도 더 깊이 느낄 수 있다.

　자연에서 걷는 것이 하루 종일 공간에 갇혀 일을 하며 움직이는 것과 다른 이유는 무엇일까. 보이는 것을 보고 마주하는 것에 시선을 두며, 막힘도 판단도 없는 움직임이 곧 명상이 되었다고 생각한다. 그래서 더 상쾌하고 머릿속이 맑아지는지도 모른다. 여유롭게 자연을 둘러보면 마음의 한계가 없어진다. 긴장감이 사라지고 평화로워진다. 나에게 내어준 자연에서의 시간은 긴장을 풀어주고 호흡을 진정시켜 준다. 자연에서의 걷기는 건강을 살피는 것이다. 사람과 사람의 살갗이 닿아 온기를 느끼듯 맨발로 선 땅의 촉감을 느껴보라. 대지의 에너지를 직접 느낄 수 있는 체험이다. 자연의 에너지가 채워질 것이다.

　비 오는 날 우산을 들고도 한 번 걸어보라. 빗물에 적셔진 자연은 또 어떤 것을 보여주는지 찾아보라. 눈이 펑펑 내리는 날도 걸어보라. 그런 날은 특별히 알록달록 색이 있는 우산을 챙겨보라. 하얀 눈과 우산의 색이 나의 감각을 깨울 것이다. 온통 하얀 눈으로 덮이는 겨울, 모든 색이 사라진 듯한 계절에 유난히 밝은색 우산이 세상에 나를 더욱 돋보이게 할 것이다. 무엇에도 얽매이지 않고, 어떤 것에 대한 두려움이나 부족함이 없는 나로 만들어 주었던 나의 '핫핑크' 우산처럼.

걷다 보면 내가 되어있을 것이다. 자유로운 나를 발견할 것이다.

2장

마음을 채워주는 얼굴들

우리는 살면서 누구에게서 어떤 것을 채우고 싶을까?

채운다는 것은 무엇일까?

채우겠다는 것은 무언가 부족하다는 뜻을 전제로 하는 것인지도 모른다. 나는 무엇이 부족한 것일까? 무엇으로부터 무엇을 채우고 싶은 것일까? 하는 의문이 올라왔다.

우리는 뭔가 부족하다고 느낄 때 대체될 만한 다른 것을 찾는다. 그것은 대부분 물건인 경우가 흔하다. 그렇지만 물건을 채워도 어느새 사그라드는 것을 알 수 있다. 잠깐의 즐거움을 안겨주는 물건 말고 나를 채워주는 어떤 대상, 즉 존재가 있느냐는 말이다.

가장 먼저 떠오른 것은 사랑받고 싶은 마음이다. 사람에 대한 사랑. 나를 향한 누군가의 사랑 말이다. 존재로부터 느낄 수 있는 사랑. 뭐 지금 연애를 하겠다는 이야기가 아니다. 그리고 보니 그동안 내가 만나왔던 사람들이 하나씩 생각난다. 사회생활이야 너무 오래됐고 주부로 산 기간을 떠올려 보면 누가 있을까? 그렇게 생각하니 무엇보다 결혼하고 이어진 가족, 시댁 식구들이 떠오른다.

도시에 나와 혼자 살게 되면서 모든 생활에 대한 책임은 나의 판단과 결정으로 이루어졌다. 주변 지인의 의견을 물어가며 도움을 받기야 했지만 선택과 결정은 오로지 내 몫이었다. 버틴다는 느낌이 들 정도로 어렵게 살지는 않았지만 그리 여유롭지도 않았다. 혼자 사는 도시의 삶은 뭐라 해야 할까? 그렇다. 적막했다. 친구와 같이 살기도 했고 즐거웠던 기억도 있지만 대체로 적막했다고 느껴진다. 이십 대에는 안정적이고 분명한 누군가 있었으면 하고 바랐다. 부모님의 소개로 이십 대 끝자락에 남편을 만났다. 일단 남편은 나를 좋아했다. 나와 만나고 헤어진 후에는 친구들을 만나느라 바빴지만. 그는 경제적으로 안정적이었다. 생각해 보면 그것이 가장 컸는지도 모른다. 경제적 안정이 주는 편안함. 남편은 이 말에 뭐라고 생각할까?

만나는 동안에 싸우지 않았던 것도, 프러포즈를 받은 것도 아니지만 나는 남편을 선택했고 우리는 자연스럽게 결혼했다.

여유는 없어도 준비할 목록을 작성해 하나씩 준비해 갔다. 긴 자취에 도 음식을 할 줄도 모르고 요리 도구나 침구류에 대한 정보도 없었다.

그런 나를 시이모님들이 도와주셨다. 놀러 오라고 불러서 맛있는 밥을 직접 차려주셨다. 동네를 다니며 저렴하고 꼭 필요한 것만 살 수 있게 하셨다. 살림하는 것도 아직 서투른데 좋은 것은 나중에 남편 돈으로 사라면서. 그 말씀이 고마웠다. 비싸고 좋은 이불이 아니라 저렴하더라도 편하게 사용하기 좋은 것으로 골라주시며 책을 잡기보다 따듯하게 감싸주셨다. 해주시던 밥도 어찌나 맛있던지 그때를 생각하니 먹고 싶어진다. 시댁 어른들 계신 곳에 참석하면 나름대로 할 일을 찾아 움직이게 되는데 그냥 그런 모습 자체만으로도 예쁘게 보고 표현해 주셨다. 그저 뭔가를 하려고 하는 내 마음을 알아주시는구나, 그래서 그런 모습에도 칭찬해 주시는구나. 그래서인지 시댁 행사에 참여하는 일은 부담스럽지 않았다. 그렇게라도 행사에서 얼굴도 보고 안부도 물을 수 있어 오히려 좋았다.

시댁에 '시'자만 나와도 불편해하는 사람들이 있다. 서로 관계가 좋지 않은 것에는 여러 가지 이유가 있을 것이다. 시댁 이야기를 하는 것이 누군가에게 불편하게 들릴지도 모르겠다. 하지만 내가 받은 것은 사랑이었다. 그 애정은 나에게 온전히 전달되고 든든했다.

나를 예쁘게 봐주신 것은 어쩌면 남편을 예뻐하는 마음 때문이거나 혹은 어머님에 대한 좋은 감정에 기인했을 수도 있다. 오로지 나의 행동만은 아니라는 것을 안다.

어머님은 주고받는 것에 비교적 정확하신 분이다. 누군가 당신에게 마음을 써줬다면 결코 그냥 넘어가지 않으셨다. 하지만 너무 과하지도 않으셨다. 딱 그만큼, 당신이 받은 것에 대한 도리를 하셨다. 다른 사람들과의 관계가 그랬다는 말이다. 여느 엄마들처럼 자식들에게는 미리 가득 채운 냉장고를 다 털어주셨다. 도시에서는 모든 게 돈을 줘야 살 수 있다면서 파 한뿌리도 신문에 둘둘 말아 트렁크나 좌석 사이에 틈만 보이면 넣어주셨다. 그것도 모자라게 여기셨다.

어머님에 대한 인상적인 기억은 결혼식장에서다. 친척 결혼식이 끝나고 식당에 밥을 먹으러 갔는데 지금은 흔하지 않은 좌식이었다. 손님이 많아 자리가 넉넉하지 않았는데 화장실을 갔었는지 인사를 하느라 늦었는지 나는 뒤늦게 자리에 앉게 되었다. 어머님은 이미 식사를 마치신 뒤였지만 내 자리를 잡아 놓고 기다리셨다. 우리 며느리 자리라며. 내가 등장했을 때 어머님은 얼른 이리로 오라며 손짓하셨다. 얼른 먹으라고. 그 말씀은 재촉하기보다 배고플까 챙기는 마음으로 여겨졌다. 거기다 맛있는 음식은 내 앞으로 손수 옮겨 주셨다. 다른 이들도 아직 먹고 있는데. 뭉클했다. 내 가족에 대한 확실함이랄까. **마치 나를 품에 확 끌어당겨 안아주는 느낌이랄까.**

누군가의 시 중에 「엄마에게 보내는 편지」라는 제목으로 기억되는 시가 있다. 그 내용에 보면 동네잔치에 도와주러 일하러 간 엄마가 기웃거리는 자신에게 먹을 것 하나 챙겨주지 않아 서운했던 어린 시절의 감정이 나타나 있다. 지금은 이해가 되지만 서운했던 그때의 감정을 담은 시다. 친정에선 그랬다. 내 식구를 챙기기보다 남을 생각하고 먼저 배려했다. 남의 집 잔치에 도와주러 가 내 아들 먹을 것 하나 챙겨주는 것이 어려웠던. 그런데 어머님은 아니었다. 당당하셨다. 거리낌이 없으셨다. 그런 어머님의 행동에 불편함보다 감사함이 더했다. 나는 과연 내 아이에게 그렇게 해줄 수 있을까. 어머님은 그렇게 나를 품어주셨다.

생각해 보면 참 독립적인 분이다. 백내장 수술은 누구나 나이 들면 하는 거라며.

"동네 이 사람 저 사람 다 거기 병원 가서 하고 온디, 암상토 안하고 괜찮다 하더라. 여기서 하제. 괜찮애야. 잉, 괜찮어."

내 것은 확실히 표현하는 거라는 듯. 확실하게 챙기는데 누가 뭐라고 하냐는 듯. 나를 향한 어머님의 분명한 사랑이 느껴진다.

모든 것은 헛되지 않았다

호기심에 이것저것 배웠지만 오래가지 못했다. 처음 시작할 때는 그 분야 최고의 단계를 상상하며 온몸에 에너지가 가득하다. 그런데 몇 차례 배움이 지속되고 어느 정도 파악이 되고 나면 슬쩍 마음이 빠져나오기 시작한다. 그러면서도 하고 싶은 것은 하나, 둘 늘어 간다. 생각만 했던 것을 누군가 하는 걸 보면 '나도 그때 그 생각 했는데.' 하면서 아쉬움이 생긴다. 관심이 갔을 때 했더라면 지금쯤 실력이 어느 정도 쌓였을 텐데. 해 보지 않은 것은, 내가 그것을 했더라면 어땠을지 더 나았을까 하는 기대감과 함께 미련을 갖게 한다. 힘을 조금 냈더라면 해 볼 수 있었을 텐데 용기가 없어 하지 못했던 일들이 말이다.

'이만하면 나 잘살고 있지. 이 정도면 걱정하지 않아도 돼.'

남이 아무리 그렇다고 이야기해도 받아들여지지 않았었는데 결혼하고 십 년쯤 지나서야 나 자신에게 이렇게 말해줄 수 있게 되었다. 여전히 남의 눈치를 보았지만, 작은 것부터 시도해 보기 시작했다. 일상에서 입어보고 싶었던 옷을 입어보거나 머리 모양을 바꿔보는 것들 말이다. 진짜 내 안에서 원하지만 표현하지 못했던 것들을.

그즈음 친하게 지내던 동네 엄마가 댄스를 배우러 간다는 말에 해 보고 싶다는 생각이 들었다.

'내가 따라가도 괜찮을까? 아이도 어린데 굳이 댄스를 배우러 간다고? 그걸 해서 뭐 할 건데?'

무엇을 할 건 아니라도 해 보고 싶었다. 춤을 잘 춰본 적이 없는 나도 배우면 잘할 수 있지 않을까, 운동도 하면서 춤도 배울 수 있으니 좋지 않을까. 운동을 가는 날 아침엔 어린이집에 아이를 맡기러 가면서 이런 말을 했다.

"엄마 열심히 운동하고 올게. 신나게 하고 올게. 그래서 몸도 마음도 건강해질게."

이 말은 아이에게도 하는 말이지만 나 자신에게도 건네는 말이었다.

괜찮으니까 걱정하지 말라고 나 자신에게 당부하는 말이기도 했다. 쓸데없는 죄책감이 앞으로 나아가는 것을 방해하려고 했다. 이제 그것으로부터 조금씩 자유로워져야 한다고 나를 다독이고 있었다. 물론 지금 내가 댄스 강사가 된 것은 아니다. 댄스를 통해 내 안에 가진 흥을 발견했던 것, 나는 음악에 맞춰 어려운 동작을 배우고 익히는 순간에 기쁨을 느꼈다. 3개월쯤 됐을 때 재밌긴 한데 여전히 계속해도 괜찮을지 고민하던 중 셋째를 임신했다. 그만하라는 얘긴가 보다 생각하고 중단하게 되었다.

그리고 몇 년 후 새로운 관심사가 생겼다. 그것은 그림책이었다. 나보다 아이들과 함께할 수 있다는 생각에 시작한 배움이었다. 그림책도 너무 좋았고 내 아이들과 함께라는 점도 좋았다. 특히 아이들도 책을 읽고 놀이하는 시간만큼은 너무 좋아했다. 그러나 아이들은 점점 자랐고, 그림책 활동 시간은 줄어들었다. 그즈음 함께 배움을 시작했던 다른 그림책 선생님들은 각자의 영역을 찾아가기 시작했다. 그림책 모임에서 내가 설 자리는 점점 줄어들었다. 여기서 나는 무엇을 하고 있는지, 무엇 때문에 여기에 있는 건지 의문이 들기 시작했다. 더불어 아이의 사춘기가 오고 내 생각의 틀을 벗어나는 아이들과 힘겨루기가 시작됐다. 그림책 활동은 즐거웠으나 공부는 어려워하는 아이들, 학교와 학원을 오가다 보니 시간이 부족해져 그마저도 멈추게 되었다. 그동안 보낸 시간에 대한 아쉬움과 앞으로 어떻게 무엇을 하며 살아야 할지에 대한 고민이 올라왔다.

내가 하는 일과 연결되지 않거나 결과물이 보이지 않을 때 그것을 계속해야 하는지 자신에게 질문하게 된다. 그동안 선택하고 배워온 모든 일들이 과연 의미가 있는 것인지 자신을 자꾸 의심하게 만든다. 우리는 결과물이 없는 것을 부정하는 경향이 있다. 의미와 가치가 무엇인지, 그것을 지속하는 이유가 무엇인지 묻는다. 투자하는 시간, 노력, 비용에 비해 성취가 없으면 에너지가 떨어지기도 한다. 너무 오래 준비만 하는 사람을 보면 헛된 꿈을 꾸고 있다고 생각한다.

주위를 둘러보면 호기심 가득한 사람들이 참 많다. 우리가 배우고 경험하는 다양한 것들, 그것은 삶의 도구가 되어 줄 것이라 믿는다.
우리의 삶은 무엇을 했든 하지 않았든 헛된 것은 없다.
아직은 성장하는 중이기 때문에 볼 수 없는지도 모른다.

미국의 철학자 리차드 로티라는 사람이 '나를 아무것도 모르는 것처럼, 호기심 어린 눈으로 나를 대하라.'고 말했다 한다. 우리 모두 이 세상이 처음이지 않은가. **아무도 정답을 알지 못한다. 우리는 각자의 삶을 통해 자신에게 알맞은 정답을 찾아갈 뿐이다.**

잘될 것이라는 믿음을 가지고 나아가라.

모든 게 헛된 것이 되는 건 내가 그것을 '헛된 것'이라고 생각하는 그 순간부터다.

그러니 자신이 하는 일이 가치 있다고 생각하라. 의미를 찾아라. 없는 가치와 의미를 부여한다고 해서 뭐가 달라지냐는 다른 사람들의 목소리에는 반응하지 않아도 된다. 그저 내가 나의 가치를 믿고 나아가는 것만이 옳다고 느껴보길 바란다.

지금 나는 어디에 있을까?

누군가 '지금 당신은 어디에 있나요?'라고 묻는다면 뭐라고 대답할 수 있는가. 인생에서 어디쯤 가고 있느냐 묻는다면 질문이 좀 더 쉽게 들릴까? 이런 질문에 보통 나이를 떠올리며 백 세 인생을 기준으로 어디쯤 가고 있다고 말할 수 있겠다. 생의 길이를 백 세로 정하고 표현한다면 나도 삶의 중반쯤 왔다고 말할 수 있다. 오십이라는 나이에는 어때야 하는 것일까? 어떤 기준으로 우리는 삶의 위치를 알 수 있는 것일까? 과연 우리는 우리 삶의 위치를 알 수 있을까? 누구도 정확히 그것을 답하거나 알 수 있다고 장담하지 못한다. 그것을 말하려면 시작과 끝을 알아야 하기 때문이다. 우리의 시작은 분명히 알고 있다. 하지만 그 끝은 아무도 모른다. 삶의 끝이 언제라 단정 지어 말할 수 있는 사람은 아무도 없다. 그러니 삶의 어디쯤 왔다고 정확히 말할 수 없지 않을까.

그런데 오십의 나이에 이십 대의 나를 만났다면 믿어질까? 분명 나는 나로서 존재한다. 또 다른 나는 없는데 오십인 내가 어떻게 스무 살의 나를 만난단 말인지 믿어지지 않을 것이다. 나 또한 내가 스무 살 나를 만났다는 것을 뒤늦게 알았으니까. 내가 둘도 아닌데 전혀 다른 시간의 나를 만난다는 말을 이해할지 모르겠지만 나는 그 시간으로 들어가 보는 경험을 했다.

스무 살의 나를 만나는 일은 생각보다 설레고 기뻤다. 그뿐만이 아니라 아픈 마음도 안타까움도 느껴졌다. 그런 나에게 주위에서 무슨 일이 있느냐고 물어보기 시작했다. 에너지가 달라졌다느니 분위기가 달라졌다고 말하는 사람들, 궁금해하며 말을 걸어왔다. 스무 살의 나로 이끈 것은 드라마 〈선재 업고 튀어〉였다. 한동안 나의 모든 이야기는 이 드라마와 함께였다. 이 이야길 꺼내면 지인들은 이렇게 말했다.

"너 진짜 진심이었구나?", "네가 이 정도로 진심일 줄은 몰랐어."

그렇다. 나는 이 드라마를 통해 나의 이십 대를 만났다. 그저 지나가는 드라마 이야기나 하는 줄 알았던 지인들은 나의 진지함에 진심을 확인했다.

그저 드라마 제목을 언급하는 것으로도 즐거웠다. 드라마는 사고로 휠체어를 타게 된 소녀가 삶에 대한 의미를 잃고 실의에 빠졌다가 신인

가수의 전화로 삶의 의지를 찾고 팬이 된다. 자신을 일으켜 준 가수가 스타가 되어 죽음을 맞이하게 되면서 소녀는 그를 살리기 위해 시계를 통해 과거로 돌아가는 과정을 반복하게 된다. 둘은 열아홉에 서로 알던 사이였고 시간을 되돌리는 과정에서 소녀는 처음으로 돌아가 그와 마주치지 않는 선택을 하게 되지만 결국 둘은 다시 만나게 된다. 흰색과 파랑, 노랑이 어우러지는 선명한 밝은 이미지, 중간중간 삽입된 배경음악은 드라마를 더욱 아름답게 했다. 주인공들의 호흡과 조연들의 연기도 누구 하나 빠질 것이 없었다. 드라마에 삽입된 곡들의 가사 내용은 너무나 적절했고 감정을 풍부하게 만들었다. 영상의 맑고 깨끗한 느낌은 풋풋한 청춘을 잘 표현해 주었다.

이 드라마는 '로코'라 불리는 로맨틱 코미디 장르다. 이 부류의 드라마는 부담 없고 편안하고 즐겁게 볼 수 있다는 장점이 있다. 이해하기도 쉽고 가볍게 볼 수 있어 인생 작품이 될 거라는 생각은 하지도 않았다. 영상에 한 번 빠지면 중독된 사람처럼 쉽게 빠져나오지 못하는 탓에 아이들을 키우는 동안은 일부러 피했다. 거실에 텔레비전을 없앤 이유도 여기에 있는데 오랜만에 드라마에 빠지고 말았다. 그것은 십 년 만에 우리 집 거실 벽에 커다란 텔레비전이 걸리고 몇 달이 지난 시점이었다. 사람들 입에 오르내리는 드라마 이야기를 엿듣다가 이 드라마의 짧은 영상을 몇 개 보게 되었다. 시간 여행 이야기라 그런지 감이 안 왔다.

답답한 마음에 조금만 보려고 한 것이 몰아보기까지 하게 된 것이다. 이미 중반쯤 방영된 뒤였는데 이틀 만에 따라잡고는 푹 빠져서 헤어 나오질 못하게 됐다. 그냥 재밌고 즐겁고 연애하는 것처럼 '꽁냥꽁냥'한 기분이었다.

드라마를 통해 내가 만난 키워드는 선택이었다. 나는 어떤 선택을 하고 살았는가? 이십 대, 나는 어떤 선택을 하였는가? 내가 한 선택은 무엇이었는가? 나는 왜 그런 선택을 했을까? 그 선택을 한 내 마음은 어땠는가? 사실 처음부터 나에게 이러한 질문을 하지 않았다. 그냥 뭔지 모를 무언가가 가슴을 자꾸 가득 채웠다. 지나고 보니 이러한 질문이 나도 모르는 사이 나를 향해 몰려와 그때의 나를 보게 했다. 그리고 마음이 아팠다. 무엇 때문이었을까? 무엇이 나를 아프게 했을까?

우리는 살면서 무수히 많은 것을 선택해야 한다. 스무 살의 나는 무슨 생각을 하고 있었던 것일까? 내가 어쩔 수 없었던 상황들, 그래서 내가 해야 했던 선택을 생각하니 가슴이 아팠다. 우리는 모두 자신의 상황에서 최선을 다한다. 가장 좋다고 생각하는 것, 처한 상황에 가장 최선인 것을 고민해 선택한다. 그것이 나를 아프게 했다. 상황 때문이 아니라 내 마음이, 내 가슴이 울리는 것을 선택했어야 하는데 무언가 그렇지 못했다는 생각 때문이었다. 하지만 나는 안다. 그때 한 선택이 옳았다는 것을. 불안하고 두려웠고 힘들었던 그 순간에 내가 나를 위해 가장 좋은 선택을 했다는 것을 누구보다 잘 안다. 그래서 더 슬프다. 내 가슴이 원하는 일이 내 삶과 연결되어 하나로 일치하지 않았다는 것에 가슴이 아팠다. 우리는 모두 잘 안다. 상처받지 않기 위해 안전하기 위한 길로 간다는 것을.

처음엔 드라마처럼 나는 누구를 향해 그런 마음이 드는 것일까 궁금했다. 다시 보고 싶은 옛 애인이 있는 것도 아니고 지금까지 잊지 못해 가슴앓이할 만큼 사랑했던 사람이 있는 것도 아닌데 나는 누구를 그리워하는 것일까? 그 그리움의 대상이 누구일까 궁금했다. 그것은 바로 나였다. 선택함에 있어 진짜 내가 아닌 상황에 따랐던 나를. 분명 상황에 따랐음에도 그냥 막연하고 막막했던 그때의 내가 보였다. 나는 나를 사랑하고 있었다. 나를 바라보고 있었다. 이십 대의 나를 만나러 갔던 건 나를 위로하기 위함이었다. 그렇게 나는 이십 대의 나를 만나 사랑을 고백했다. 그리고 친구를 만났다. 나라는 친구를.

청소년 관련 공부를 시작하면서 그냥 하는 말로 사춘기 아이들을 이해하고 나의 사춘기를 다시 제대로 만나려 한다고 말한 적 있다. 입 밖으로 꺼낸 말처럼 드라마가 이십 대의 나를 만나러 가게 했다. 오십에 벌어진 신기한 일이었다. 한동안 나는 스무 살의 발랄한 소녀였다. 거리를 걷는 것도 사람을 만나는 것도 어떤 순간에 있어도 기쁨이 가득한 상태로 지냈다. 그 시간도 끝이 있을 거라고 예견하면서도 즐거웠다. 사람들이 어떻게 지내느냐 물으면 '즐거워요.'라고 스스럼없이 말했다. 이제 나는 스무 살의 나를 지나 어디로 가고 있을까. 지금 나는 지구에서의 나의 나이를 향해 열심히 달려가고 있다. 둘이 만나는 그날 나에게 엄청난 일이 일어날 것이라 느껴진다. 그렇게 일치된 삶을 사는 나를 향해 나는 오늘도 열심히 사랑을 보낸다.

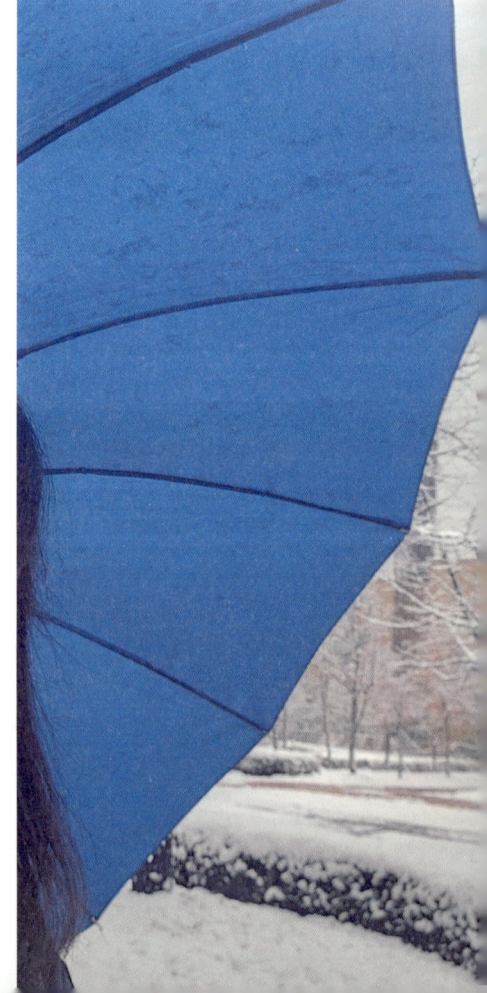

　　　　2장

내려놓으며 배우는 연습

　인생에서 많은 것을 이루고 싶어 하지만 항상 뜻대로 되는 것은 아니지요. 남편도, 아이도, 부모도, 친구도, 동료도, 이웃도.

　그렇다면 어떻게 해야 할까요? 여러분은 그것을 어떻게 받아들이며 살아왔나요? 삶에서 내려놓아야 할 것들은 무엇이고 어떻게 하면 가벼워질 수 있는지 찾아가 보길 바랍니다.

1. 사실

- 현재 내가 붙잡고 놓지 못하고 있는 것은 무엇인가요?
- 그것을 붙잡고 있는 이유와 마음은 어떤가요?
- 언제부터 그것을 붙잡고 있었나요?
- 그 상황에서 통제 가능한 것과 통제 불가능한 것은 무엇인가요?
- 과거에 붙잡고 싶었지만 내려놓은 것은 무엇인가요?
- 그 선택은 나의 의지였나요? 어쩔 수 없는 일이었나요?
- 그 상황을 어떻게 지나왔나요?

- 지금 그 선택을 다시 돌아본다면, 어떤 마음이 드나요?

- 그때와 지금의 내가 달라진 점은 무엇인가요?

- 과거의 상황은 지금 나에게 어떤 메시지를 주나요?

2. 감정과 생각

- 살면서 비현실적이거나 이해되지 않았던 부분은 무엇일까요?

- 과거의 어떤 일이 후회되나요?

- 그것은 나에게 어떤 생각(마음)을 갖게 하나요?

- 그 과거가 사라진다면 나는 무엇이 가능해질까요?

- 현재 내가 가장 중요하게 생각하는 것은 무엇인가요?

- 어떻게 하면 원하는 방향으로 나아갈까요?

- 자신을 위해 가장 옳은 선택은 무엇일까요?

- 힘들거나 어렵다고 느끼는 지점(행동, 말 등)은 무엇인가요?

- 유독 반응하는 그 부분은 어디서 온 것일까요?

- 내가 자주 느끼는 부정적인 감정은 무엇인가요?

3. 위로와 기대

- 나는 나에게 어떤 기대를 가지고 있나요?

- 주위에서 나에게 가지는 기대는 무엇인가요?

- 앞으로 나의 삶은 어떻게 되길 바라나요?

- 앞으로 가장 기대되는 것은 무엇인가요?

- 내려놓기를 통해 얻을 수 있는 것은 무엇일까요?

- 내가 유지하고 있는 관계 중에 긍정적인 영향을 주는 것은 무엇인가요?

- 누구의 위로가 가장 받고 싶나요?

- 그때의 나에게 어떤 말을 해주고 싶나요?

- 어떤 일들을 할 때 편안한가요?

- 일상에서 기쁨을 주는 것은 무엇인가요?

- 가장 감사하게 생각하는 것은 무엇인가요?

- 가장 빛났던 때는 언제인가요?

- 나에게 오늘은 어떤 날인가요?

충전

: 멈춤에서 피어난 용기

지금 당장은 보이지 않아도, 우리의 모든 노력은 헛되지 않다.
멈추지 않고 묵묵히 걸어가면 그 흐름은 하나의 삶이 되고 내가 된다.

모든 일은 연결되어 있다

모든 길은 연결되어 있다는 말을 들으면 이해가 쉽다. 길은 사방으로 향해 있기도 하고, 외진 길이지만 멈추지 않고 가다 보면 또 다른 길을 만나게 된다. 그렇게 연결된 길에서 새로운 장소를 만나고 뜻밖의 사람을 만나 계획에 없던 일을 경험하기도 한다. 그 자리에 찍은 경험이라는 점 하나는 그 지점에 머물러있거나 잠시 묻어 둔 것 같아도 언젠가 내 안에서 나와 마주하게 된다. 그래서 모든 길이 연결되듯 모든 일은 만나도록 연결되어 있다.

내 삶에서 모든 일이 연결되어 있다고 느끼게 해준 두 가지가 있다. 하나는, 내가 해온 활동이 하나로 모이고 있다는 발견이다. 그동안 찍어온 무수한 점들이 모두 하나의 방향을 향해 나아가고 있음을 알게 된 것이다. 그것을 깨닫기 전에는 나는 왜 한 가지에 집중 못 하는지 의아했고 의심했던 적이 있다. 뭔가 배우기 시작하면 성실하게 하면서도 일정 시간이 지나면 또 다른 것에 고개를 돌렸기 때문이다. 그런 나를 보면서 이것저것 맛만 본다는 생각이 들었다.

어떤 사람은 자기 관심사 외에 시선을 두지 않는다. 그런데 나는 주변의 모든 일을 한 번쯤 시도하고 싶은 마음이 들었다. 그것은 여전히 진행 중이긴 하다. 누가 운동을 한다고 하면 운동이 하고 싶어지고 악기를 배운다고 하면 또 그것에 관심이 갔다. 요가, 댄스, 헬스 등 누군가 배우는 경험을 나누면 어느새 나는 그것을 하고 싶은 사람이 되어있었다. 이것저것 관심 가는 것도 많고 하는 것도 많으면서 누가 한다고 하면 해보고 싶은 마음이 드는 건 무엇 때문인지 궁금했다. 점들은 다양하게 흩어져 찍혀 보이지만 결국 하나의 방향으로 모이고 있음을 깨달았다. 가까이 보는 것보다 멀리 보고 오래 보니 보이기 시작했다.

아이에게 읽어주며 관심이 갔던 그림책 활동은 그저 참여만으로 충분하다고 생각했다. '여기서 뭘 하고 있나.'하는 의문이 올라올 때쯤 고전을 읽고 필사하기 시작했다. 책을 읽으며 나에 대해 알아가기 시작했고, 청소년 교육과 관련된 공부로 이어졌다. 그곳에서 철학과 심리학을 접하게 되고 어쩌다 코칭까지 오게 되었다. 그림책이 공부로 이어지게 되고, 나 자신에 관한 관심이 사람에 관한 관심으로 확장되었다. 그 사이 『엄마와 함께한 봄날』이란 책을 공저로 출판하며 지인들을 만나면 하게 되는 이야기가 있었다. 글을 쓰라는 것이었다. 그리고 그들에게 '우리가 하는 모든 일은 연결되어 있어.'라고 더했다. 공저로 책이 나오는 과정을 보면서 '하나도 헛된 것은 없구나. 내가 한 모든 일은 연결되어 있고 하나의 방향을 향해 나아가고 있구나.' 하며 깨달았다고.

'우리가 하는 모든 일은 연결되어 있어.'

가까이, 삶의 현장에 있을 때 보이지 않던 것이 저 멀리 높은 곳에서 내려다보니 흐름이 보였다. 넓게 퍼지던 물줄기, 따로 길을 가는 것처럼 보이지만 결국 한곳으로 모이고 있었다. 마치 가느다란 물줄기들이 각자 자기의 길을 만들어 내려오다가 곁에 다른 물줄기와 만나고 또 만나고. 그렇게 하나씩 연결되고 흐르다 보니 어느새 한곳으로 모이고 있었다. 아직 그 방향의 끝에 무엇이 있는지 나는 알지 못한다. 목적의식이 뚜렷하거나 목표를 설정하고 길을 나섰다면 나는 무엇이 될 것이라고 말할 수 있겠지만, 아직은 그 목적지가 어디인지 무엇을 하려는지 표현할 수 없다. 하지만 무언가 분명 내가 해야 할 일이 있어 그곳을 향해 나아가고 있음을 알 수 있다. **그동안 점점이 찍어 두었던 것들은 나의 도구가 되어 주리라는 것을.** 지금 가는 이 길도 또 하나의 가닥으로 흐르는 듯 보이지만, 그간에 먼저 다뤘던 도구들을 만나 풍성해지리라.

다른 하나는 사람과의 연결이다. 누군가와 대화하다 보면 서로의 사적인 이야기를 나눌 때가 있다. 이야기 상대와 나이나 지역 등은 관련이 없고, 심지어 서로 다른 이야기를 하는데도 연결된 느낌을 받은 적이 있다. 어떤 분과는 나이 차이가 있었고 살아온 환경도 달랐다. 서로 다른 가정사와 살았던 장소도 연결점이 없었다. 그분과 서로의 애착에 관한 이야기를 나누고 있었다. 나는 어린 시절 엄마를 애타게 불렀던 내가 떠올랐다. 해가 지고 어스름한 시간 집 앞에 나와 엄마를 부르며 울던 나에 관한 이야기를 꺼냈다. 그분은 자신의 어린 시절 소녀의 모습을 떠올렸고 그때의 기억을 떠올렸다. 어느 순간 그분의 어린 시절 소녀가 나의 이야기 속으로 들어왔고 이야기 속에서 나를 만나주었다. 그리고 울고 있는 나의 손을 잡아주었다. 두 소녀가 나란히 있는 것을 상상하니 든든하고 따뜻했다. 외롭지 않았다. 나의 어린 소녀는 더 이상 울지 않았다. 함께 있어 주는 그 소녀의 존재가 나에게 힘이 되었다. 그렇게 우리는 이야기 속에서 만났다.

모든 길이 연결되어 있듯 내가 하는 일도 사람과의 만남도 이어져 있다. 멈추지 않고 묵묵히 걸어가면 하나의 흐름이 되고 내가 된다. 모두가 각자 자기 인생을 살고 있지만 우리 눈에 보이는 인물이 다르고 상황이 다를 뿐이다. 사람 사는 거 다 똑같다.

죽음을 말하며 삶을 배우다

　죽음이라는 단어를 떠올려 본 것이 언제였던가. 그런 생각을 해 본 적은 있었던가. 깊이 생각해 본 적 없는 것 같다. 이 단어를 오늘은 글에 담아보려 한다. 보통은 사춘기 때 한 번씩 생각해 보는 단어가 아닐까? 세상이 부조리하고 나한테만 부당하고 불합리한 것 같은. 세상 억울한 사람은 나이고, 온갖 슬픔을 끌어다 울기도 하고. 죽으면 그만이지 않을까 했던 그때. 그렇게까지 절박한 상황은 아니었을 텐데, 그저 모든 걸 회피하고 싶었던 하나의 방법으로 죽음이라는 단어를 떠올렸는지도 모른다.

　삶의 여정이 끝나는 순간, 죽음은 현생의 끝을 말한다. 사춘기 때의 죽음은 자연의 순리에 따라가는 것이 아닌 선택에 의한 것이리라. 죽음을 선택한 사람들. 그들은 왜 죽음을 선택했을까. 나도 사춘기 시절에 죽음을 떠올리기는 했으나 그럴만한 용기는 없었다. 그럴만한 이유도 없었던 것 같다. 죽음을 선택한다는 것은 무엇일까. 유명인 중에 그것을 선택한 사람들의 이야기를 독서 모임에서 나누게 된 적이 있었다. 그들이 죽음을 선택할 수밖에 없었던 이유는 무엇일까. 결백을 주장하기 위함이기도 했고, 더 이상 세상의 잣대에 휘둘리지 않는 자신을 보여주는 일이기도 했고, 감히 신을 거스를 수 있는 유일한 방법이기도 했다. 모든 게 신이 정한 일, 모든 게 정해진 운명이라면 죽음을 선택하는 것이야말로 인간이 유일하게 할 수 있는 선택이 아닐까. 나는 지금 살아 숨 쉬기에 그런 죽음을 선택할 수밖에 없는 이유에 대해 추측만 할 뿐이다.

우리는 모두 시한부의 삶을 살고 있다. 정확한 날짜만 모를 뿐 죽는다는 것은 명백한 사실이니까. 죽지 않고 사는 사람은 아직 존재하지 않으니, 저마다 주어진 삶의 시간이 끝나면 죽음은 우리를 이끌고 가버린다. 어쩌면 우리 곁에 항상 머물며 때를 기다리고 있을지도.

사실 나는 살고 싶다. 모두 같은 마음이겠지만 오래오래 살고 싶다. 할 수만 있다면 몸이 늙어도 거동의 불편함을 느끼지 않는 선에서 자유롭게 살고 싶다. 날이 가고 해가 가니 늙기야 하겠지만 오래도록 건강하게 삶을 누리고 싶다.

죽음이란 무엇일까. 나의 삶은 얼마쯤 남았을까. 그 기한을 정확히 안다면, 아니 어느 정도 알고 있다면 어떨까. 우리의 삶이 조금 달라질까? 시한부 인생을 사는 사람들은 어떤 마음일까. 남은 날에 대해 의사로부터 들었을 때 그 심정을 내가 헤아릴 수 있을까. 당사자가 아닌 시한부의 삶을 사는 가족이나 연인을 곁에 두고 있다면 어떤가. 죽음이라는 것이 그저 단어로 무심하게 느껴지지 않을 것이다. 너무도 사랑했지만 죽음을 앞둔 여인을 지켜보는 가슴 아픈 사연의 한 남자를 보았다. 보는 이의 마음도 절절하게 만들었던 그 남자는 지금 어떻게 되었을까. 죽음을 목격하고 난 뒤의 삶을 어디서 어떻게 보내고 있을까? 죽음이란 존재를 더 이상 만질 수도 볼 수도 없게 만드는, 상상과 기억에만 의존하게 만든다.

내 곁에 누군가의 죽음에 대해서 생각하고 싶지 않다. 나에 대한 죽음조차도 떠올리고 싶지 않은 마음이다. 오십쯤 되면 몸의 여기저기가 하나씩 아프기 시작한다. 주변에 아픈 사람도 보이고 지인이나 친척의 장례식장 갈 일도 생겨난다. 축하할 결혼식보다, 생명의 탄생을 축복하고 기뻐할 일들보다 누군가 아프다는 말, 병원에 있다는 말, 부모님이 돌아가셨다는 부고장을 받는 일이 더 많아졌다. 누구도 죽음을 피할 수 없다는 것을 알면서도 나는 왜 나와는 연결해 생각해 보려 하지 않았을까. 그 뒤에 오는 슬픔을 미리 생각하기 싫어서였다. 그 헛헛함을 미리 알고 싶지 않았다. 그 부재가 내게 줄 두려움 때문이었다. 그저 마냥 이렇게 살 수 있으리라 생각하면 마음이 편안할 줄 알았다. 당장 일어나지 않는 일에 대해 불안해하고 두려워하지 않고 싶은 마음이 컸다. 그러나 우리에게는 어쩔 수 없이 다가오는 일이다. 그렇다면 어떻게 해야 할까. 무엇을 해야 할까. 어떻게 살아야 하는 것일까?

어떤 준비가 필요할까? 가장 먼저 해야 할 일을 찾아보니 물건을 정리하는 일이 떠올랐다. 내가 가진 많은 것을 줄이는 일. 가장 먼저 시작해서 가장 마지막까지도 해야 할 부분이다. 누군가는 그랬다. 자신이 죽고 나서 자신과 관련된 물건을 치우느라 수고하지 않게 만들어야 한다고. 그 추억이 떠올라 가슴 아파하는 것을 만들고 싶지 않다고 했다. 자신을 추억하는 일도 간단하고 잠깐만 하도록 도와주는 것이 남은 사람을 위한 배려인지도 모르겠다.

늦은 밤 스탠드 불빛에 의지해 글을 쓰는데 열어 놓은 창문을 통해 벌레들이 들어와 귀찮게 한다. 물이 담긴 컵을 걸어 다니다 날개를 펴고 스탠드 불빛으로 올랐다가, 컴퓨터 모니터를 향해 날았다가, 나를 향해 날아와 팔에 붙었다가. 그것의 삶은 얼마나 남은 것일까? 그 작은 곤충은 자신의 짧은 삶을 이해하고 있을까? 어쩌면 삶의 길이도 삶의 즐거움도 그 무엇도 인식하거나 즐기지 못하는 작은 곤충이 더 행복할 수 있다. 고민할 필요가 없을 테니까.

모든 생명의 죽음은 남아있는 누군가를 위해 생명이 되어 주는 것이

라 들었다. 곤충이나 동물의 사체는 눈에 보이지 않는 작은 생명체의 먹이가 되고, 식물과 나무는 그 자리에서 고목이 되어 자신을 온전히 자연에 내어놓으며 남은 이를 위한 거름이 된다고 하더라.

나는 남은 이들을 위해 무엇을 남겨둘 수 있을까?

외모보다 빛나는 가치

1980~90년대 드라마나 영화를 보면 못생긴 사람이 주인공이 되는 경우는 극히 드물었다. 적어도 주인공은 잘생겨야 했다. 그 시대마다 미남과 미인의 기준이 조금씩 다르긴 했지만 말이다. 2000년대 들어와서야 예외적인 상황들이 나타났다. 잘생기고 못생기고 외모적 관점이 아니라 그 사람만이 가지는 특징과 매력을 표현한 영상들이 등장하기 시작했다. 외모로 빛나는 내용의 영상이 아니라 그 사람의 삶을 들여다보는 이야기들. 영화나 드라마를 예로 들고 싶은데 그 주인공에 대한 예의가 아닌 듯하다. 예로 들고나면 그 사람의 외모적 평가를 내가 이미 하고 있음을 보여주게 된다. 그들도 외모로 평가되는 그런 사람이 되기 싫을 것이다.

우리는 보이는 것을 왜 그리 중요하게 생각했을까?

요즘은 운동을 열심히 해서 신체 나이를 훨씬 젊게 만든다거나 피부과 관리나 시술을 통해 좀 더 젊게 보이기 위해 노력하는 것이 당연해졌다. 상당히 나이가 많음에도 나이보다 훨씬 젊어 보이는 사람들도 있다. 아파서 병원에 가거나 정기검진 가듯 피부과를 예약하고 비용과 시간을 들여 관리받는 사람들이 늘었다. 주위의 지인 중에도 참 많다. 그들은 그들 나름대로 피부과 관리를 통해 젊어지는 기분을 느끼며, 거기서 삶의 활력을 얻는다.

　　전에는 아파서가 아니라 미용과 젊음을 유지하기 위해 관리를 받는 사람들을 보면 이해가 되지 않았다. 그런데 자신을 가꾸고 돌보는 것의 하나라고 생각하고 바라보니 달라졌다. 자신을 가꾸는 것도 어쩌면 자신을 사랑하는 한 방법이라는 생각이 든다. 건강을 위한 운동을 통해 삶의 활력을 찾는 것은 얼마나 소중한 일인가? 대외적으로 많은 사람을 상대하는 일을 할 때 자기 관리를 위해 피부관리를 받는 것은 어떤가? 외모보다는 내면을 더 중요하게 생각하는 건 당연하다고 여긴다. 하지만 건강을 위해 밥을 먹고 운동을 하는 것과 외모에 노력을 들이는 것, 그 사이에 본질적인 차이가 있을까? 뭐든지 과해서 문제가 되는 것이지.

　　생각이 바뀌어 많이 달라진 것 같아도 일부에서는 여전히 외모를 본다. 외모는 인상과도 관련이 있어서 깔끔하고 단정한 이미지는 사람들의 호감을 산다. 하지만 보이는 것에 대한 집중과 평가는 얼마 가지 않는다. 몇 번 만나보고 함께 생활해 보면 그 사람의 됨됨이는 금방 나타나기 마련이다. 아무리 외모가 받쳐준다 한들 능력이나 인성이 부족한 사람에게 더 높은 점수를 주지는 않을 것이다. 그러니 보는 사람의 시선도 달라져야 한다.

물론 일차적으로 얼굴에서 풍기는 인상이라던가 생김새, 옷차림을 보고 어느 정도 상대에 대한 윤곽을 세울 수 있다. 나아가 말투나 대화 속에서 사람에 대한 평가가 이루어진다. 하지만 그 평가가 꼭 옳은 것은 아니다. 한순간의 모습이 그의 전부는 아니기 때문이다. 누군가를 바라볼 때 그것이 어떤 과정에서 나온 것인지를 알아봐 주고 이해할 수 있다면 우리 사이에 큰 문제가 생기진 않을 것이다.

스스로 자신을 아름다운 사람이라 생각해야 한다. 자신이 가진 아름다움은 무엇이 있을지 하루에 하나씩 찾아가는 과정을 갖는다면 어떨까? 보이는 것에 집중하고 평가하는 인식에서 벗어나 나만의 매력을 찾기를 바란다. 그러다 보면 각자 자신만이 가진 고유한 매력을 발견하게 될 것이다. 잘 생기고 못생기고의 사회적 기준에 따른 평가에 좌지우지되지 말고 현재의 나를 가꾸는 일에 더 집중해야 한다. 어떤 옷이 자신에게 잘 어울리는지, 퍼스널 컬러처럼 자신에게 어울리는 색을 찾아 적용해 본다면 멋지지 않을까? 화장법이나 헤어 스타일링만 바꿔도 사람이 달라 보인다. 아침에 출근할 때 또는 외출할 때 거울 앞에 서면 못생긴 자기의 얼굴 때문에 좌절을 느끼는가? 그렇지 않을 것이다. 대부분 익숙한 자기 모습이 크게 신경 쓰이지 않을 것이다. 다만 그날 입는 옷 스타일이나 머리 스타일, 컨디션에 따른 얼굴 안색이 더 신경 쓰일 것이다. 물론 이 부분도 외모에 속하는 것이지만 거울을 보면서 내 마음이 즐거운 나의 이미지를 찾아가야 한다.

　외모보다 더 중요한 것은 '내가 지금 가진 것에 감사할 줄 아는 사람이 되어야겠구나.' 하는 마음이다. **외모보다 더 빛나는 가치는 나에 대한 수용, 인정과 감사하는 마음을 갖는 것이다.** 내가 어찌할 수 없는 숙명 같은 거 말고 선택하고 나아가기 위한 받아들임. 있는 그대로 받아들이고 거기서 내가 할 수 있는 것이 무엇인지에 집중하는 삶을 사는 것이 더 나은 삶이라 생각한다. 내가 가진 것을 어떻게 가꾸어 나갈 것인지를 찾는 삶, 그런 방향을 향해 살아가려면 감사가 필요하다. 오늘 하루도 존재할 수 있음에 감사하고 내가 긍정적 에너지를 향해 가고 있음을 믿는 것, 그것이 내가 바라는 일이다.

늙지 않는 욕망의 그림자

지인의 옷 가게에 갔다. 늦게까지 더웠던 날씨였지만 가을철 옷을 갖다 놓은 건 한참 됐을 것이다. 오랜만에 모임이 있어서 가기 전에 들른 것인데 모임에 함께 가는 다른 지인도 가을옷 고르기에 여념이 없었다. 이것저것 코디해 가며 맞춰 입는 옷들이 하나씩 쌓여갔다. 지인은 옷을 입어보며 내게 괜찮은지 어울리는지 물어보았다. 옷을 슬쩍 한 번 둘러보고 의자에 앉았던 나는 함께 있던 지인이 입은 검은색 원피스가 마음에 들었다. 단추는 금장으로 장식되어 있고 두께감 있는 니트 재질에 라인이 잡혀있었다. 길이도 적당해 모임에 참석할 때 입어도 좋겠다는 생각이 들었다.

그때 거울 옆에 둔 갈색 가방이 눈에 들어왔다. 색도 계절에 어울리고 크기도 적당했다. 일어나 가방을 어깨에 메어 보고는 어떤지 이리저리 둘러보았다. 캐쥬얼한 느낌도 나서 경쾌하고 젊어지는 기분이 들었다.

그때부터 가방은 집에 올 때까지 내 어깨에서 내려오지 않았다. 결국 그 가방을 사 왔다. 나는 천으로 된 가방을 주로 들고 다닌다. 아들이 학교에서 들고 온 아무 장식도 없는 캔버스 가방을 크기가 적당해서 내내 들고 다녔는데 때가 타기 시작했다. 책이나 악보를 담고 다녀야 해서 주로 캔버스 가방을 애용하곤 했는데 제대로 된 가방 하나 있어야 하지 않나 하는 생각이 들었다. 책은 들어가지만 악보집을 넣기에는 부족한 크기였다. 그러나 매일 악보집을 들고 다니는 것은 아니니 그러지 않은 날 들고 다닐 수 있지 않을까. 결국 그 가방은 우리 집으로 왔다.

집에 와서 가방을 정리하려고 보니 비슷한 크기가 몇 개 더 있는 것을 발견했다. 비싼 가방은 사는 데 부담스러워 주로 가볍고 저렴한 가방을 샀었다. 소비가 심한 편은 아닌데 그동안 괜찮지 않나 하는 마음으로 사 둔 것들이 옷장에 여럿 보인 것이다. 정리했던 옷도 다시 가득해져 옷장이 꽉 차 있었다. 새로 산 가방을 놓을 공간을 마련하려면 있던 것 중에서 정리를 해야 했다. 하지만 최근에 들고 다니던 캔버스 가방도 당분간 더 들고 다니려는 마음에 당장 버릴 생각이 없었다. 새로 가방을 사도 본래 쓰던 가방을 쉽게 정리하지 못해 장롱에 가방들이 포개어져 있었다. 정리를 할까 꺼내보니 검정 천으로 된 것과 가죽으로 된 가방이 보였다. 하나는 이따금 꺼내 가지고 다니는데, 가죽은 크기가 적당해 샀으나 올드한 느낌이 들어 쓰지 않는 가방이었다. 저렴한 가방은 사는 것도 가볍고 어느 정도 쓰다 버리기에도 마음이 편하다는 장점이 있다. 하지만 그렇다고 망가지지도 않은 것을 쉽게 버리는 성격도 아니다 보니 물건이 자꾸만 쌓인다. 저렇게 있는데 나는 왜 또 얼마 쓰지 않게 될 가방을 산 것일까. 한 계절 쓰고 장롱에 넣어 둘 가방이 하나 또 늘어난 기분이 들었다. 옷은 말해 무엇할까.

옷이나 가방뿐만이 아니다. 장을 보러 마트에 가면 사야 할 것이 점점 늘어난다. 메모하거나 대충 생각하고 갔다가도 나중에 다시 나오기 귀찮다는 이유로 하나씩 집어 들게 된다. 그러면 카트가 어느새 한가득 된다. 카트를 밀면 자꾸 담게 된다고 해서 바구니를 들었는데 더 빨리 채워진 바구니는 괜히 카트로 한 번 더 옮기는 번거로움을 수반한다. 채소는 기본으로 담고 좋아하는 고기도 넣는다. 아직 남았으나 꼭 필요할 때 떨어지는 세탁 세제도, 어차피 먹게 되는 라면도 담는다. 하나하나 이유를 붙이며 카트 가득 담게 된다. 한 번 더 나오면 된다면서도 썩는 거 아니라며 또 담는다. 손쉽게 살 수 있으니 필요할 때 바로 구입하는 것이 공간도 생기고 버리는 것도 줄어든다는 것을 알면서도 쉽지 않다.

물건뿐만이 아니다. 사람과의 관계도 그렇다. 모임을 예로 들어보면 꼭 필요하지 않은데도 정리는 하지 않고 참여하는 곳만 늘어 메신저 방수가 엄청나다. 수백 명이 모여있는 단체 메신저의 경우는 이따금 필요한 정보가 올라온다. 그러면 여기 있었으니 알게 된 것이라며 좋아한다. 평소에는 가득한 메신저함을 정리하느라 시간을 들이고, 그러려고 손에 든 핸드폰에 빠져 몇 시간을 훌쩍 보내고 후회한다.

물건도 인간관계도 모두 갖고 있는 것에서 더 깊이를 찾지 않고 왜 더 늘리는 것일까? 소유욕은 나이가 들면서 줄어드는 것이 아니라 나이만큼 오히려 증가한다는 생각이 든다. 갖고 있는 것에서 의미를 찾지 않고 가지지 않은 것에서 의미를 찾는 것. 결핍을 자꾸 보면서 그것을 채우려고 하는 것이다. 모두를 완벽하게 만족시키는 것은 없다. 그러니 적당한 선을 찾아야 하는데, 지금 당장 보이는 내 눈과 마음을 자극하는 결핍을 채워줄 만한 그 하나에 반응한다. 다음엔 또 다른 결핍을, 다음에도 이전과는 다른 결핍을 하면서 자꾸 채워가려고 하지 않을까. 그러니 감당이 안 될 만큼 자꾸 늘어나는 것 아닐까.

또 돈은 얼마나 있어야 적당한 걸까? 오십의 나이가 되면 얼마나 있어야 알맞다고 생각할까? 많으면 많을수록 좋다는 말을 가장 먼저 듣지 않을까? 돈이 많아서 싫다는 사람은 없을 테니까.

무언가에 대한 욕심이 자연스레 사라질 줄 알았다. 나이 들면 내려놓을 수 있어야 하는데 왜 그렇지 못하는 것일까? 나이가 들면 내려놓아야 한다는 것, 꼭 그래야 하는 것도 아닌데 우리는 스스로 나이에 의미를 부여해 놓고 자신을 우리에 가두고 있다.

　　　　　　　3장

옷으로 가린다고 가려질까?

친구를 만나러 나가는 나는 이십 대의 아가씨처럼 발랄하다. 그러나 외출하기 전 거울에 비친 나를 보면 내 얼굴에서 보이는 나는 그렇지 않다. 그래서 거울을 보기 싫을 때가 많다. 흰머리와 눈가의 주름들이 내가 중년임을 말해준다. 그래도 웃는다. 내 마음은 청춘이기에.

마음만은 청춘이다. 이런 말은 칠십 대 어르신의 입에서나 나올법한 이야기인지도 모른다. 최근 나는 거울을 보다 쳐진 나의 몸을 보고 조금 놀랐다. 나이가 들면 근육이 빠지고 체형이 변한다는 말은 들었다. 하지만 내 몸에선 엄청난 변화가 느껴지지 않았다. 일상이 바빠 내 몸의 변화를 자세히 관찰할 사이도 없었다. 헬스장 같은 곳이나 거울이 있는 곳에서 운동하면 자연스레 몸의 변화를 관찰하게 되겠지만 요가를 가서도 거울로 보이는 내 모습보다는 선생님을 보며 따라 하기 바쁘다. 남들이 거울을 잘 보지 않는다고 하거나 사진을 안 찍는다고 할 때 왜 그렇게 행동하나 했는데 막상 사진에 담긴 내 모습을 보니 '이제 나도 사진은 찍지 않아야겠구나.' 생각하게 됐다.

나이야 어차피 먹는 건데 나이 들면 몸이 늙는 건 당연한 거 아닌가. 중년은 보통 사십 대 중반에서 육십 대까지를 말한다. 한겨레신문 인터넷 기사(24.8.16)를 보면, 사십 대 중반과 육십 대에 노화와 관련된 질병이 갑작스레 증가 진행된다는 연구 결과를 실은 적 있다. 사람이 갑자기 확 늙는다는 느낌이 들 때가 있는데 이 기사가 그것을 증명하는 것 같다.
　그러고 보니 사십 대 후반에 다시 요가를 시작했을 때 몸이 예전 같지 않았다. 나이 들수록 경직되고 근력이 떨어지는 건 알고 있었는데 이 정도까지인 줄 몰랐다. 며칠 지나면 다시 돌아오겠거니 했으나 전과는 확연한 차이가 있었다. 연습해도 쉽게 예전 상태로 돌아가지 않았다. 오십 대가 되니 운동을 조금만 해도 무릎 주변 피부가 빨갛게 변한다. 염증이 있으면 그런 반응이 나타나는 거라고들 하는데 사실일까. 나이가 들수록 근력운동이 꼭 필요하다는 말에 몇 개 했을 뿐인데 벌써 이렇게 반응이 나타나니 덜컥 겁이 난다. 그렇다고 멈출 수는 없다. 운동을 꾸준히 하는 방법은 없을까 생각하다 몇 가지 쉬운 동작을 자주 반복하기로 했다. 운동시간을 따로 두고 하지 않고 오전 오후 집안일을 하다가 5분 정도 할 수 있는 간단한 방법으로 바꾸었더니 훨씬 쉽다.

엄마 세대가 오십 대였을 때는 할머니 소리를 들을 만한 나이였다. 내가 오십 대여도 엄마의 삼십 대보다 더 어려 보이니 옛날에 비하면 훨씬 젊다. 이삼십 대 젊은 친구들을 보면 십 대인지 이십 대인지 헷갈릴 정도다. 그만큼 나이에 비해 겉으로 보이는 이미지가 훨씬 젊어진 건 확실하다. 얼굴에서 나이가 드러나는 것이 가장 크지만 오십 대가 넘으면 몸에도 변화가 나타난다. 전체적으로 살이 붙고 옷을 입어도 느낌이 다르다. 얼굴을 화장으로 커버하듯 몸은 옷으로 가리면 가능하기도 하다. 이때 눈에 노화가 오는 것도 어쩌면 자세히 보지 말라는 신호인가 생각한다. 자세히 들여다보고 나이를 굳이 따지려 하지 말고 전체적인 분위기나 스타일만 보라는 의미에서 말이다. 전체적인 색이나 스타일을 보며 만족하다 시선이 위로 올라가 얼굴에 멈추면 거울에 더 가까이 다가가게 된다. 그러고는 얼굴을 요리조리 돌려보며 늘어난 주름과 기미와 흰머리를 살피다 마음이 속상해진다. 그래서 고개를 올리지 않는다. 그냥 몸만 본다. 옷을 입은 느낌만 주로 살핀다.

옷은 입고 다녀야 하니 중년의 몸을 감춰주기에 충분하다. 급하게 준비하고 나가느라 바쁘다 보니 나를 자세히 들여다볼 여유도 없었다. 그러던 어느 날 양치질을 하다 눈에 들어왔다. 축 처진 가슴과 엉덩이, 탄력이 없는 살들. 민낯을 보고야 말았다. 그동안 옷으로 가리고 다니느라 보지 못한 것이다. 아니, 애써 외면하고 있었는지도 모른다. 그렇다. 외면했다는 말이 맞을 것이다. 굳이 보려고 하지 않은 것이다. 연예인도 아니고 관리를 해 왔던 것도 아닌데 무엇을 기대했던 것일까. 처진 살들 따라 마음도 처질까 봐 얼른 씻고 옷을 입었다. 옷을 입고 보니 그나마 만족스럽다. 아직은. 좀 더 나이가 들면 옷으로도 가려지지 않겠지만. 지금은 옷으로나마 그 변화를 가릴 수 있겠구나 싶었다. 옷으로 가린다고 변하는 몸이 완전히 가려지지야 않겠지만 나를 위로할 수는 있겠지. 영원히 받아들이지 않고 거부하며 살지는 않을 것이다. 그저 잠시만 보류하는 것이다.

어른에 대한 기준

다 자란 사람, 다 자라서 자기 일에 책임을 질 수 있는 사람. 우리는 이들을 어른이라 부른다. 다 자랐다는 기준, 신체적 기준이라면 그렇다고 하겠는데, 그러면 정신적인 나이는 어떻게 가늠해야 할까. 나의 정신 상태는 어른이라고 볼 수 있는 것일까. 그럼, 몇 살부터 어른이라 부를 수 있을까.

나이 오십. 오십이면 어른이 된 걸까. 숫자가 그렇다면 분명 어른이 됐다고 말할 수 있을 것이다. 어떻게 나는 오십이 됐을까? 해를 넘길 때마다 내 나이를 정확히 체크하고 기억하고 있었는데 오십이 되고 보니 어떻게 된 건지 잘 모르겠다. 말 그대로 어쩌다 보니 오십이 되었다. 삶을 살고 있는 한 누구에게나 찾아온다고 생각하는 나이. 공평하게 주어진 하루 스물네 시간을 차근차근 보내고, 그 하루를 채우고 해를 채워 보냈더니 오십이 되었다. 이 나이가 될 때까지 열심히 달려온 건 아니지만 기다린 것도 아니다.

오십을 상상할 수도 없었던 어린 시절, 그 옛날 내 주변의 오십 엄마들은 뽀글뽀글한 파마를 했었다. 그러니 이 나이쯤의 여자는 '뽀글이' 파마를 한 아줌마로 연상된다. 요즘 사람들은 나이 상관없이 자신을 꾸미고 관리한다. 그래서 나이를 가늠할 수 없는 사람들이 많다. 그러나 그때의 우리는 각각의 연령대에 따라 암묵적인 스타일이 있었던 것 같다.

일찍 결혼했더라면 할머니가 되었을지도 모를 나이다. 할머니라니. 상상이 안 된다. 오십에 할머니가 되기에는 요즘 애들이 너무 어리다. 우리 집 아이들도 너무 어리다. 갑자기 엄마의 오십 대를 생각해 보게 된다. 엄마는 오십 대 중반에 할머니가 되었다. 그때는 할머니라는 호칭을 붙여서 그랬을까. 나이가 들어 보였던 것 같은데 지금 생각하니 엄마도 젊었구나. 오십 대에 할머니가 되어 손자를 업는 기분은 어땠을까. 자식이 결혼하면 자연히 따라오는 결과겠지만 막상 할머니라 불리게 되는 것에 묘한 기분이 드셨겠지. 예쁘고 사랑스러운 손자를 보고 있으면 기쁘고 즐겁고 행복하셨겠지만, 그 뒤에 어떤 감정이 엄마를 따라왔을까 궁금해진다.

이제 막 사회생활을 시작하게 된 띠동갑 조카는 내가 살아온 시간의 반을 살았다. 그런 조카는 오십의 나를 어떻게 보고 있을까. 이모가 아닌, 그냥 사회의 한 사람으로 어떤 이미지일까 궁금하다. 직장에 다닌다면 부장쯤 되었을 테니 그렇게 보일지도 모르겠다. 조카처럼 어린 친구들 눈에는 엄마 같을 것이다. 육아와 가사를 하는 주부라 동네 아줌마처럼 느껴질지도 모르겠다. 그래, 그냥 아줌마처럼 보이겠지. 직장인이던 이십 대 중반의 나도 당시를 상상해 보면 아버지뻘 되는 직장 상사 모두 나이 든 아저씨로 보았는데, 오십이면 아저씨요 아주머니가 당연하지 않은가. 나는 나이 오십에 대해 어떤 평가를 기대했을까.

어떻게 들릴지 모르겠지만, 사십 대로 불렸을 때만 해도 청춘 같았다. 나이에 대한 인식이 사실 별로 없었다. 아이가 어리니 나도 같이 어리게 여겨졌던가 보다. 숫자상 사십 대였을 뿐 상당히 활발하게 움직였던 시기라서 그랬을까? 알면서도 몰랐다는 말을 어떻게 설명하나. 얼마 전 설문을 작성하다 연령을 물어보는 대목이 있었다. 그것은 이제 더 이상 사십 대가 아니라는 것을 새삼 알게 해주었다. 나 아직 사십 대라고 거짓으로라도 체크하고 싶었지만 그럴 수는 없었다. 아~ 갑자기 사십 대가 엄청, 굉장히 그리워졌다. 가버렸구나. 어느새. 갈 줄 알고 있었지만 '진짜 가버렸네.' 하는 기분. 지금 막 떠나보낸 사람을 그리워하듯 아련하게 느껴졌다. 이제는 다시 돌아갈 수 없는 나이, 되돌릴 수 없는 시간. 어떻게든 아직 사십 대라고 우기고 싶은 욕구가 올라왔다. 마흔아홉을 보내는 내내 아직은 사십 대라며 우쭐했었는데 드디어 오십을 만나고야 말았다. 이제야 오십이 되었다는 것을 실감하게 되었다.

나이가 들면 아는 것이 많아지고 경험이 풍부해 현명해질 것 같았다. 자연스럽게 모두 그렇게 되는 줄 알았다. 그래야 어른이라고 생각했다. 하지만 남편에게 불만이 생기는 것도 여전하고 아이들에게 잔소리하는 것도, 세상을 보는 너그럽지 못함도 그대로다. 눈을 뜨면 아침이고 세끼 챙기고 하루를 보내고 나면 밤이 오고 그렇게 삶은 여전하다.

나이 오십이 어른이라면 어쩔 수 없겠지만, 그래도 오십에 어른이라 불리는 것은 부담스럽다. 나는 아직 어른이 될 준비가 안 된 것 같은데. 그런 준비는 앞으로도 안 하고 싶다. 준비한다고 준비되는 것도 아니겠지만. **나는 어쩌다 오십이 되었을까. 무엇을 하다 여기에 온 것일까. 살아왔고, 살아 있으니 오십의 내가 있겠지. 누군가 그토록 바랐던 오늘이라는 말처럼, 누군가는 그토록 바랐던 오십에 내가 있다.**

오십에도 여전히 불확실하고 모호한데 그런 나를 지난 시간은 어떻게 이끌어 줄까. 앞으로 나의 오십에는 어떤 바탕이 될지 궁금해진다. 지금부터 파이팅!

7

힘을 빼면 가벼워진다

언젠가 버킷 리스트를 작성할 때 수영을 기록한 적이 있다. 물에서 호흡하며 자유롭게 몸을 움직일 수 있다면 좋겠다고 생각했기 때문이다. 물을 두려워하지 않고 헤엄치는 사람을 보면 부러웠다. 그래서 아이들에게 수영을 가르쳤고 물이 있는 곳에 가 헤엄치는 모습을 보며 흐뭇해했던 기억이 난다. 모든 운동이 마찬가지겠지만 특히 수영은 몸에 힘을 빼야 한다. 그렇지 않으면 물에 가라앉기 때문이다. 사실 이해가 되지 않는다. 몸에 힘을 빼면 뜬다는 것이. 물에 빠졌을 때 힘을 빼고 하늘을 보면 물에 뜬다고들 하지만 나는 솔직히 믿어지지 않는다. 부력으로 몸이 뜨는 건 모두가 다 아는 사실인데 나는 믿을 수가 없다. 어떻게 몸에 힘을 뺄 수 있을까? 물에 빠졌는데. 일단 놀라서 몸에 잔뜩 힘이 들어가는 건 당연하지 않은가. 가슴 높이의 수영장에 가서 시도해 보려고 힘을 빼고 하늘을 올려다보았다. 하지만 발이 뜨려는 순간 나는 발버둥을 치고 말았다.

　아이를 무릎 위에 올려놓고 머리를 감기려 할 때 아이가 몸에 힘을 잔뜩 주었던 적이 있다. 어릴 때 엄마가 대야에 물을 받아 나를 무릎에 눕히고 머리를 감아 주셨던 기억이 나서 나도 그렇게 해 보고 싶었다. 생각처럼 쉽지 않았다. 아이가 내 무릎 위에 몸을 맡기고 누우면 되는데 몸에 힘을 잔뜩 주고는 두 팔로 나를 붙잡았다. 그러면 머리가 아래로 향하지 않고 들린 상태라 물을 적시기도 힘들고 적시더라도 아이 몸과 내 다리로 물이 흘러 내렸다. 괜찮으니 엄마 믿고 그냥 몸을 맡기라 해도 뒤로 젖히는 그 행위가 아이는 무서웠던 모양이다. 그래서 미리 연습해 보기로 했다. 거실에 쪼그리고 앉아 아이를 무릎 위에 눕히고 머리 감기는 흉내를 냈다. 손으로 받친 머리를 아래로 향하게 했다가 들어올리기를 반복하며 이렇게 할 거라고 설명해 주었다. 그리고 다시 머리를 감겼을 때 처음엔 머리에 힘이 들어갔지만, 연습할 때처럼 설명을 해주니 금방 힘을 빼고 내게 몸을 맡겼다.

　아이를 업을 때도 몸에 힘을 빼야 덜 무겁게 느껴진다. 키는 작아도 무게가 제법 나가기 시작하면서 아이가 업어달라고 할 때가 있었다. 쪼그리고 앉아 아이를 업으려 하면 아이가 자신의 힘을 실어 누르듯이 내 등에 업힌다. 그러면 평소보다 더 무겁게 느껴져 일어나기 힘겨울 때가 있다. 또 자전거를 타는데 몸에 힘이 잔뜩 들어갔다고 생각해 보자. 넘어질 것 같으면 다리를 뻗어야 하는데 어깨부터 온몸이 긴장되어 있다면 자전거가 넘어지면서 같이 넘어지고 만다. 상황에 반응할 수 있어야 하는데 몸이 경직되어 늦거나 혹은 반응하지 못해 다치게 된다. 이렇게 내가 경직되는 상황은 주로 발표할 때다. 발표할 때 긴장한 탓에 무슨 이야기를 하고 있는지, 어디까지 했는지 아무런 생각도 나지 않아 머리가 하얘진다. 또 어떤 때는 잘하고 싶은 마음에 말이 너무 빠르거나, 하고 싶은 이야기를 빼먹거나 앞뒤 순서가 바뀌어 당황하기도 한다. 그렇게 긴장된 상태로 진행하고 나면 어깨가 무겁게 느껴질 때가 있다. 그럴 때는 피로감도 배가 된다.

뜻대로 되지 않을 때도 몸에 힘이 들어간다. 마음을 비우고 몸에 힘을 빼면 가벼워진다고 하지만 그것도 생각처럼 되지 않는다.

로봇공학자 데니스 홍 박사님은 『오늘 하지 않아도 되는 걱정은 오늘 하지 않습니다』라는 글 중 '저는 경쟁하지 않습니다'를 보면 누군가가 부러운데 부럽다고 가만히 있는 것은 지는 거라고 했다. 부러워만 하지 말고 도전하라고 말한다. 앞으로 나아가는 길은 경쟁이 아닌 도전이다. 남들과 경쟁하고 비교하며 그들을 부러운 눈으로 보기보다 내가 할 수 있는 것, 내가 잘하는 것은 무엇인지를 찾고 그것을 시도해 보라는 말이리

라. 뜻대로 되지 않은 일, 내가 어쩔 수 없는 일에 집중하지 말고 내가 해야 할 일과 내가 해낼 수 있는 것은 무엇일까, 그것을 고민하고 찾아보고 도전해야 한다. 시도하고 도전하는 것은 연습이다. 연습하면 익숙해지고 여러 번의 시도가 확률을 높여줄 것이다. 경쟁하려고 하면 몸에 힘을 더 주게 된다. 주변 사람들보다 더 앞으로 나아가려는 마음 때문에 힘이 들어가는 것이다. 그러다 보면 몸이 경직되고, 유연하고 넓게 바라보지 못하게 된다. 그러니 경쟁하지 않고 나의 속도 나의 시간에 따라 나아가야 한다. 그렇게 해야 편안해지고 몸에 힘이 빠지고 가벼워진다.

삶에서 몸에 힘을 빼야 근심 걱정이 줄어든다. 괜한 근심과 걱정으로 시간을 허비하지 말고 지금의 나에 집중하는 게 중요하다. 유연하게 대처할 수 있으려면 마음에 여유가 필요하다. 마음에 여유가 있으려면 가벼워져야 한다. 몸과 마음에 힘을 잔뜩 준 상태로 어떻게 나아갈 수 있겠는가? **몸에 힘이 들어가는 것을 자주 알아차릴 필요가 있다. 그런 나를 발견하면 잠시 멈추고 하늘을 올려다보거나 크게 숨을 들이마시는 것도 좋다.** 그리고 내가 지금 어디에 있는지 찬찬히 바라보아야 한다. 내가 어디를 향해 가고 있는지 다시 보아야 한다. 몸을 살랑살랑 흔들어 가벼워지도록 만들어 보자. 좀 더 가벼워진 마음으로 한 발 디뎌보라. 다시 나아가는 발걸음이 가벼울 것이다.

몸이 뻐근하고 무언가 개운하지 않은 기분이 들면 고개 돌리기부터 시작하자. 팔을 털 듯이 흔들고 크게 휘젓는다. 그리고 상체를 회전하듯 몸을 움직인다. 앉아 있었다면 일어나 두 다리로 선다. 마치 물이 흐르듯 또는 나비가 날 듯 몸을 살랑살랑 이리저리, 두 팔을 휘휘 저으며 몸을 움직여 준다. 음악이 있다면 훨씬 좋다. 그렇게 흔들고 나면 한결 가벼워진 나를 느낄 수 있을 것이다.

8

글이 소설이 되기까지

『나는 말하듯이 쓴다』의 강원국 작가는 글이 쓰고 싶어질 때까지 안경을 닦는다고 했다. 사람마다 어떤 행위에 앞서 하게 되는 습관적인 행동이 있다. 작가는 안경을 닦으며 마음을 닦고 글을 쓸 준비를 했던 것 같다.

내 경우엔 글을 쓰겠다고 하고서 글 쓰는 일을 제일 마지막으로 미루어 버린다. 정해 놓은 그날의 일정을 보면서 글쓰기가 기록된 것에 안심하면서도 정작 시작하지 못한다. 맞춰진 알람에 시간이 되어도 더 해야할 집안일은 없는지 살피기 일쑤다. 다른 일들을 하나씩 처리해 가며 더 이상 할 일이 없어 심심해진 끝에 선택하는 것처럼. 자석처럼 당기는 글쓰기에 끌려가지 않을 것처럼.

해가 지고 저녁이 되고, 결국 아이들이 잠을 청하기 시작해서야 자리를 잡고 앉는다. 여기서도 글을 쓰기 시작하면 다행이다. 컴퓨터를 켜면 나를 기다린 듯 검색창이 눈에 들어온다. 오늘도 늦은 시간에 책상 앞에 앉았으나 다른 날처럼 검색창에는 무사히 걸려들지 않았다. 앞에서 강원국 작가가 글을 쓰기 전 안경을 닦는다고 했지만, 나는 매일 하는 일들을 뒤로하고 시작할 수가 없다. 집안일을 내버려 둔 채 글을 쓰려고 책상에 앉기는 불가능하다.

온전히 혼자 집중할 수 있는 시간과 공간이 필요하다. 공간을 너무도 원하지만 아직은 가질 수 없다. 넓은 집에 방이 여럿이지만 정작 집중할 만한 내 공간은 없다. 아이들을 챙기다 보면 등교 뒤의 오전이나 새벽 시간이 가장 좋다. 새벽이 하루의 이른 시간이면 좋겠으나 열두 시를 넘긴 시간이다 보니 늘 수면에 방해가 된다. 그래도 그 시간만큼 집중되고 글 쓰는 속도가 나는 때는 없다. 글을 쓰고 싶다는 소망을 품게 됐으니, 시간에 대한 정리도 필요하다.

마치 작가라도 된 것 같다. 글을 꽤 많이 써본 경험이 있거나 평소 글을 쓰고 있는 사람 같기도 하다. 공저 책 이후에 별다른 글을 쓰고 있지도 않으면서 나는 무슨 책을 쓰려는 것일까. 글을 쓸 수 있겠다고 생각한 첫 번째 배경에는 레포트를 작성하면서였다. 우연히 방송대에 들어가고 레포트에 열정을 쏟다 보니 글을 써내는 것에 자신감이 생겼다. 레포트 분량이 점점 많아지며 이렇게 하면 논문도 쓸 수 있겠다는 생각이 들었다. 또 심리학 수업을 들으며 논문자료를 보게 되었다. 여러 차례 다양한 논문을 보며 내용을 살피고 정리하다 보니 논문을 어찌 쓰는지 감이 왔다. 참고한 논문 중에는 박완서 작가에 대한 것도 있었다. 작가가 소설을 통해 자신의 과거 경험을 담고 글로 풀어내는 것을 예로 들며 글쓰기가 치료의 한 분야가 될 수 있음을 강조했던 논문이었다. **글쓰기를 통해 내면의 해결되지 않은 문제들을 드러내거나 해소할 수 있다는 점이 마음을 끌었다.** 그 때문에 글을 쓰는 일이 쉬운 것이 아니라는 것을 알면서도 겁 없이 도전하고 싶은 마음이 든다.

두 번째는 공저를 통해 책을 출판하는 경험이 글쓰기로 이어졌다. 여럿이 함께하니 생각보다 써야 할 분량도 적어 부담이 없었다. 출판에 대해 아무것도 몰랐지만, 글이 모여 책이 되고 서점에 등장하는 것을 보면서 감탄사가 절로 나왔다.

'와, 이렇게 책이 나온다고?'

마지막으로 그리스 비극 속 여자를 주인공으로 한 책을 읽게 되면서다. 이것은 다양한 글쓰기 중에서도 소설에 도전하고 싶다는 마음을 먹도록 해주었다. 새로운 인물이 아닌 고전에 등장하는 인물을 주인공으로 삼는 것이다. 그 인물과 하나의 상황만 가지고 글을 쓴다면 어떤 이야기가 만들어질까? 그런 생각을 하며 혼자 즐거울 때가 있다. 배경이

나 색다른 결말에 현재 우리의 삶을 연결해 쓰면 재밌겠다는 기대감이 생겼다. 또 논문에서 박완서 작가가 자신의 이야기를 소설에 담는 작업이 정서적 도움이 된다는 것을 봤는데, 미해결되거나 미처 드러내지 못한 삶의 이야기를 담아 그것을 통해 해소되고 자유로움을 느낄 수 있지 않을까? 나도 그렇게 할 수 있겠다는 기대감이 올라왔다.

소설을 쓰겠다고? 그렇다. 나는 소설가가 되고 싶다. 글쓰기의 마지막엔 소설가로 남고 싶다. 멋지지 않은가. 지금 당장은 에세이도 버겁지만 말이다.

꿈은 누구나 꿀 수 있는 것 아닌가. 대단하지 않은가. 오십에 소설가를 꿈꾼다는 자체가. 마음을 먹는다는 것, 꿈을 꾼다는 것 자체만으로도 박수받아야 한다고 생각한다. 하고 싶은 것이 있다는 것, 얼마나 건강한가. 살아있는 자신을 느끼고 싶다면 꿈을 꾸길 바란다. 그것이 무엇이든, 남들이 뭐라 하든. 내가 진정 원하는 것이 무엇인지 내면 안의 내가 말하는 목소리에 귀 기울여라. 의심된다면 그저 하나씩 실험해 봐라. 눈길을 끌고 손이 가고 마음이 가는 것에. 한 가지씩 경험하다 보면 해 보지 못한 것에 대한 미련은 자연스레 사라질 것이고 진짜 좋아하는 것을 하는 나를 만날 것이다.

소설가라는 꿈은 언제 이루게 될지 아무도 모른다. 젊은 친구들처럼 몇 살에 이루리라 기한을 정해둔 것은 아니다. 지금은 그저 꿈꾸고 상상하는 것만으로도 행복하다. 제발 조심스러운 나의 고백에 두고 보자는 듯 팔짱 끼고 실눈으로 째려보지 않기를 바란다. '소설은 아무나 쓰는 줄 아니?'라며 비아냥거리지 않길 바란다. 또 아는가? 내가 십 년 후 클레어 키건 같은 소설가가 되어있을지. 이 말에 '꿈도 크다. 클레어 키건 같은 소리 하고 있네.'라고 말하는 사람 있을지도 모르지만 나는 상관하지 않겠다.

다시 채워주는 작은 기쁨들

매일 끼니를 챙기듯 스스로 몸을 돌보아야 합니다.

에너지가 잘 순환되도록 몸을 움직이고 마음의 안정까지 챙깁니다. 순환된 에너지를 통해 몸이 깨어나게 합니다. 몸의 에너지를 순환시키는 동작 몇 가지를 적어 보았습니다. 소리도 함께 낼 수 있다면 더 효과가 좋을 것 같습니다. 노래를 불러도 좋고 그냥 흥얼거려도 좋습니다. 어떤 소리를 내어도 상관없습니다. 몸이 깨어나고 마음이 열리기를 바랍니다.

<나를 위한 시간>
- 나를 위해 준비한 식사
- 혼자 여유롭게 보내는 여행
- 아주 천천히 걸으며 보는 자연
- 하고 싶은 말을 마음껏 뱉어내는 나만의 털어내기 노트
- 한 달 한 가지 나를 위한 작은 선물
- 좋은 글귀를 소리 내어 읽거나 필사하기

- 나를 위한 긍정의 세 줄 문장 쓰기

- 좋아하는 노래를 듣거나 부르기

- 오늘 나의 매력적이거나 만족스러웠던 부분 찾기

<몸의 에너지를 순환시키기>

- 거울을 보고 미소를 지어준다.

- 두 팔로 어깨를 감싸고 토닥토닥한다.

- 두 손을 모으고 깍지를 끼고 턱에 댄다.

- 두 손을 펴서 얼굴을 양방향으로 두 번 문지른다.

- 다시 두 손을 깍지 끼고 위로 기지개 켜듯 한다.

- 인사하듯 그대로 앞으로 숙였다가 몸을 둥글게 천천히 일어난다.

- 두 팔을 살랑살랑 좌우로 흔든다.

- 몸도 따라 흐느적거리듯 움직인다.

- 어깨를 점점 더 들썩이며 움직인다.

- 좌우로 왔다 갔다가 동작이 점점 커진다.

- 두 팔을 앞으로 나란히 하고 위로 올렸다 내린다.

- 몸도 따라 앞으로 숙였다가 편다.

- 되는대로 몸을 흐느적거리고 팔을 좌, 우, 위, 아래로 움직이며 걸어 다닌다.
  (1분)

- 생각나는 노래를 부른다. 어떤 노래도 상관없다. 그냥 '아~' 소리를 내어도

좋다.

- 음의 높낮이가 있으면 더욱 좋다. 자유롭게 표현하되 하기 싫다면 하지 않아도 된다.

- 필요에 따라 아주 간단한 맨손 운동 동작을 반복한다. (각자 자신이 하고 싶은 방법으로)

도전

: 배움과 성장으로 한 걸음 더

되고 안 되고는 시도한 뒤에야 알 수 있다.

마음에 간직한 작은 불씨가 있다면

반드시 살려내 자기만의 이야기를 완성하라.

감정은 몸으로부터

감정은 어디서 오는 것일까? 감정은 몸의 상태에 따라 어떤 영향을 받을까 궁금해진다.

마음이 몸에 영향을 받을까, 몸이 마음에 영향을 받을까?

몸이 무거우면 마음도 따라 무거워지고 마음이 무겁고 불편하면 몸이 따라 내려간다. 따로인 듯 따로이지 않은, 우리의 몸과 마음이 둘로 느껴지지만 하나로 연결되어 있음을 이해해야 한다.

나는 내 안의 사랑 에너지와 사람과의 공감과 소통을 통해 움직이는 힘을 얻는다. 그것이 채워지지 않으면 살아가는 것 자체가 어렵다고 느껴질 수 있다. 그래서 주변 사람들을 나를 사랑으로 대해주는 이들로 채워야 하고 내 마음이 즐겁고 기쁜 방향으로 찾아가야 한다.

몸은 사람의 마음을 바꾸는 중요한 역할을 한다. 지금 글을 더 쓰고 자고 싶은데 머리가 어지럽다. 예견된 생리통이지만 앞서 예측하지 않았던 때에 온 것이다. 그만 쉬라고, 잠을 자는 것이 어떻겠냐 신호를 보낸다. 눈이 감기고 졸음이 오지만 나는 글을 쓴 뒤 자겠다고 버티는 중이다. 다행히 가족들 모두 잠이 들었다. 만약 누군가 깨어있다면 신경이 쓰였을 것이고 조금이라도 거슬리는 행동을 한다면 내 눈초리는 매섭게 변할지도 모른다. 마음이 하려는 일을 몸이 방해하고 있다고 느낀다. 눈초리가 매섭게 변하는 데 어떤 감정이 실린 것일까. 집중할 수 없게 만들었다는 불만일까. 몸의 반응에 몇 글자 못 쓰고 결국 잠을 청하게 될 것이다.

몸은 감정을 움직이고 변하게 한다. 기분이 별로였는데 산책하고 났더니 상쾌해졌다거나, 친구를 만나 수다를 떨며 에너지 변화를 줬더니 기분이 나아졌다거나. 몸의 상태를 바꿔줌으로써 기분이 변하고 그에 따른 감정도 달라지게 만들 수 있다.

우리의 마음은 어떤 상황에 어떻게 바뀔지 예측하기 어렵다. 예측이 가능하거나 쉽게 요동치지 않는다는 것은 몸의 컨디션이 좋을 때인 경우가 훨씬 많다. 주변에서 지적받거나 업무상 따지는 잘잘못 때문에 지쳐 마음이 우울해지다가도 신나게 춤을 추며 몸을 움직이고 나면 에너지가 전환되는 것을 느낄 수 있다. 몸의 컨디션을 유지해 주거나 상태를 최상으로 끌어 올려주는 것은 운동이다. 마음을 다스리기에 운동은 탁

월한 능력을 지닌다. 건강한 신체가 유지되었을 때 무엇을 해 보겠다는 마음도 올라온다. 부자들이 꼭 하는 것 중 하나가 운동인 것은 **그날 자신의 상태를 최상으로 끌어올리기 위함이다. 밑바탕이 되는 체력을 키우는 것. 몸을 일정 시간 움직이는 행위가 마음을 단단하게 해줌을 증명하고 있다.**

아이가 하교하고 집에 돌아오는 시간 3시 반쯤. 이 시간이 되면 어김없이 졸음이 몰려온다. 점심 후 버티던 몸이 천근만근 가라앉는다. 소파에 살짝 누웠다가 아이가 들어오는 소리에 비몽사몽의 상태로 맞이한다. 그랬는지 안 그랬는지 기억도 나지 않을 만큼 정신을 차리지 못하고 잠을 자는 경우가 많아졌다. 원래는 낮잠이 없었다. 자고 일어나도 개운치 않은 컨디션 때문에 이제는 낮잠 없이는 버티기 힘들다. 그리고 일단 잠의 최면에 걸리면 헤어 나올 수 없다. 두세 시간, 어떤 때는 그보다 더 자기도 한다. 졸음 때문에 어눌해진 말투와 게슴츠레한 눈으로도 아이에게 왔느냐 인사할 수 있다면 다행인데, 어떨 때는 짜증이 난다. 기다려 주거나 잠깐이라도 내버려두길 기대해 본다. 그러나 아이는 귀가해 힘들다는 기색과 배가 고프다는 신호를 보낸다. 반갑게 맞아주기는커녕 잠에 취해 눈도 제대로 못 뜨고 어눌한 말로 인사를 한다. 아이에게는 집에 오니 소파에 누워 잠자는 엄마가 보일 뿐이다.

배가 고파 몸이 보내는 에너지 부족 신호에 아이는 반응한다. 그것을 채우고 싶다고 표현하지만 엄마의 상태가 힘들어 보이니 더 이상 말하지 않는다. 아이는 몸의 반응에 민감하게 인지하고 조절하려고 한다. 하지만 엄마의 몸은 그렇지 못한 상태다. 아이는 떨어지는 에너지 때문에 체력이 감소했다. 에너지를 곧바로 채우고 싶었는데 그렇지 못한 아이의 말에 짜증이 묻어난다. 나는 기다려 주지 않는 아이에게 퉁명스럽게 말한다. 천근만근인 몸을 깨워 일어나야 할 때는 너무 힘들다. 볼멘소리가 따라 나간다. 서로의 날이 선 말투가 신경질적으로 변한다. 속사포처럼 말들이 쏟아져 나온다.

신체는 오감으로 느끼는 것을 감정으로 표현한다. 아프거나 배가 고프거나 체력이 받쳐주지 못할 때 사람은 특히 예민해진다. 오감으로 느끼고 전달해 주는 몸을 알아줘야 한다. 적절하게 대응할 수 있도록 도와야 한다. 몸의 감각이 전달하는 신호를 알아차리고 반응해 감정에 영향을 주지 않도록. 건강이 무너지면 삶의 에너지가 떨어진다. 효율적으로 반응하고 행동하지 못하게 되어 사람과의 관계도 나빠지기 쉽다.

우리는 살면서 '힘들다'는 말을 자주 하게 된다. 힘이 든다는 것은, 정신과 육신이 함께 살아야 하기 때문이다. 분리될 수 없고 따로 생각할 수 없는 영혼과 육신. 육신의 상태를 잘 확인해서 건강하게 유지해야 영혼의 목소리를 제대로 들을 수 있다. 영혼과 육신이 따로 존재하지 않고 함께 하나가 되어 살아가기 때문에 힘들다는 소리를 자주 하게 된다. 힘들다고 생각하는 원인과 그것이 나의 감정을 어떻게 만드는지, 감각으로 인해 변화하는 감정 때문에 실수하지 않도록, 올바른 선택을 할 수 있도록 애써야 한다. 오감을 통해 느끼는 감각을 알아봐 주면서 현실에서 무엇을 선택하고 나아가야 하는지 판단할 수 있어야 한다.

몸의 상태를 살필 줄 알아야 한다. 외형적으로 타인에게 보여주는 스타일이나 이미지가 아닌 내 안에서 일어나는 몸의 감각들을 통해 느껴지는 감정의 흐름을 알아야 한다. 그것을 통해 내 감정이 어디로 흘러가는지 살펴야 한다. 엉뚱한 방향으로 나아가지 않도록 몸의 상태를 유지할 수 있는 나만의 방법들을 찾아보자.

야식 조절은 필수

마른 체질의 나를 보면 먹는 것을 그다지 좋아하지 않는다고 생각할지 모르겠다. 하지만 나는 보기보다 많이 먹는다. 마른 사람들의 경우 살이 없어 말라 보이지만 대식가들이 많다. 적게 먹을 것이라 예상했는데 생각보다 잘 먹고 기대보다 많이 먹는다. 대부분 체질상 살이 안 찌는 것이지 적게 먹어서 마른 것은 아니다. 사람들과 함께라 양을 조절하는 것이고 이미지 관리 차원에서 적당량을 먹을 뿐이다. 나의 경우엔 간식을 즐겨 먹지 않는다. 특히 야식은 직장 회식이나 모임을 제외하면 거의 먹지 않았다. 먹는 것에 관심이 딱히 없었던 것 같다. 단, 끼니는 무조건 챙겨야 했다. 마른 체질의 경우 비축해 둔 에너지가 많지 않아 때를 놓치면 체력이 급격히 감소하고 기운이 없기에. 간식은 생각나지 않아도 밥때는 기가 막히게 알아차리니 결코 지나칠 수 없다.

밤은 다음 날을 위해 잠을 자고 체력을 보충해야 하는 시간이다. 그런데 요즘은 밝기의 차이만 있을 뿐 낮과 밤의 의미가 중요하지 않아 보인다. 낮에 일하던 예전과 달리 밤에도 일하는 사람이 많아지며 직업이나 사회 문화가 달라졌다. 그래서인지 어쩌다 한 번 있을 일이었던 야식이 요즘은 기본값이 되고 있다.

아이들이 학교를 다녀와 학원에 가기 전에 간식을 먹고 간다. 다시 귀가해 먹는 음식이 저녁이 되어야 하는데 시간대로 보면 야식과 다름이 없다. 학원 다녀온 시간이 너무 늦다 보니 자연스레 야식과 저녁의 개념이 사라졌다. 늦게 먹는 음식이 몸에 좋지 않다는 것은 알지만 한참 자라는 아이들이니 안 먹일 수가 없다. 하루 네 끼를 먹어도 배고픈 아이들. 처음엔 식습관을 잡는다며 야식은 한 달에 한두 번 라면 정도였지만 요즘은 치킨, 피자, 족발, 김밥, 초밥 등등 메뉴도 정말 다양해졌다.

하루 종일 집안일과 아이들을 챙기고 나서 늦은 시간 시원하게 마시는 맥주 한잔은 하루의 피로를 씻어주기에 너무 좋다. 육아에 지친 부부들에게는 아이 재우고 먹는 시원한 맥주가 보상일 수 있다. 거기에 간단한 안주만 있어도 충분하다. 그러나 사춘기 아이들이 있다면 간단할 수 없다. 괜히 이것저것 주문하게 된다. 부부의 술안주가 아니라 배고픈 아이들을 위한 야식이 된다. 아이들 챙긴다고 주문한 음식은 어느새 내 입에도 들어온다.

배달의 시대가 되었다. 각종 배달앱이 등장하고 급기야 드론으로 배달이 될 거라는 말도 나왔다. 아직 우리 눈에 띄지 않을 뿐이지 시행되고 있는지도 모른다. 한 모바일 사이트 영상에서 투명 뚜껑이 달린 무선 미니 트레일러가 목록을 적은 종이를 가지고 가게로 가는 모습을 보았다. 우리 동네 M 커피숍 앞에도 깃발을 세우고 서 있는 아이스박스 모양의 무인 이동운반기가 대기하고 있기도 하다. 사람이 직접 배달하는 오토바이가 아닌 무인 배달의 시대. 야식은 배달앱이 등장하면서 다양해졌다. 배달료만 내면 언제 어디서 어떤 음식이든 주문이 가능하다. 없으면 못 먹던 시대가 아니라 '없어도 먹을 수밖에 없어진 시대'가 된 듯하다.

야식을 검색창에 입력해 보니 서울시 교육청 블로그에 '야식으로 먹으면 좋은 음식'이란 키워드가 나왔다. 야식은 건강에 도움이 안 되니 먹지 말라고 하는데 야식으로 먹으면 좋은 음식이란 문구가 아이러니하게 보였다. 어떤 음식을 추천했을까 검색해 보니 치즈, 바나나, 두부, 달걀, 아몬드 등이 나와 있었다. 먹지 않으면 좋겠지만 굳이 피할 수 없다면 이런 정도는 괜찮지 않겠느냐는 뜻이었다. 가볍게 먹어서 건강과 욕구 두 가지 모두를 챙기라는 말인 듯했다. 칼로리가 낮고 포만감은 있지만 수면에 방해가 되지 않는 종류이다. 고열량과 매운 음식은 숙면에 방해가 되니 조심하라는 말이었지만 우리가 말하는 야식의 종류가 어디 그런가. 침샘과 후각, 시각까지 자극하는 맵고 짜고 요란한 음식들의 천

국이지 않은가. 이런 패턴이 계속되면 낮에는 식욕이 떨어져 먹지 못하다가 밤이면 먹지 않고는 잠을 잘 수 없게 된다. 야식의 세계에 빠져 먹지 않고는 잠을 잘 수 없다는 야식 증후군이 등장했다는 이야기도 볼 수 있었다.

코로나 이후 야식의 횟수가 증가했다. 배달과 밀키트 같은 반조리 식품의 판매로 집에서도 다양한 야식을 즐길 수 있게 되었다. 우리 집에서도 사춘기 아이들 때문이라고는 하지만 밖에 나가지 못했던 코로나 때 돌밥(돌아서면 밥한다는 신조어)에 지쳐 배달과 밀키트에 의존했다. 쉽게 먹을 수 있게 되니 자연스럽게 핸드폰의 앱을 열고 주문하게 됐다. 습관이 무섭다고 나도 모르는 사이 주문하고 배송을 기다리고 있게 된다. 나도 모르는 사이라는 게 말이 되는가. 분명 내 두 눈으로 보고 내 손가락이 했을 터인데 말이다. 낮에 먹는 음식은 그나마 낫다. 그런데 밤에 먹는 음식이 문제다. 먹고 나면 재활용 용기 처리도 불편하고 쓰레기도 많이 나와 처치 곤란이다.

어젯밤에는 열두 시가 다 되어 가는데 냉동 피자를 전자레인지에 데워 먹었다. 이렇게 늦게 먹을 거면 차라리 조금이라도 이른 시간에 먹는 것이 낫지 않았을까 생각하면서. 내 배가 고프면 참아지는데, 아이가 배고프다고 하면 그 말은 못 참고 음식을 주게 된다. 몸에 부담을 덜 주는 음식으로 대체한다면 내 마음이 좀 가벼워질까? 야식을 주면서 아이들에게 이렇게 말하곤 한다.

"지금은 한참 크는 나이니까 괜찮겠지만 스무 살부터는 관리해라."

괜히 챙겨주면서 미안한 마음이 든다. 그러면 아이는 엄마도 함께 먹으라며 내 입에 꼭 넣어준다.

"아들아, 엄마는 참아야 한다고. 이럴 땐 안 챙겨 주서도 돼요~"

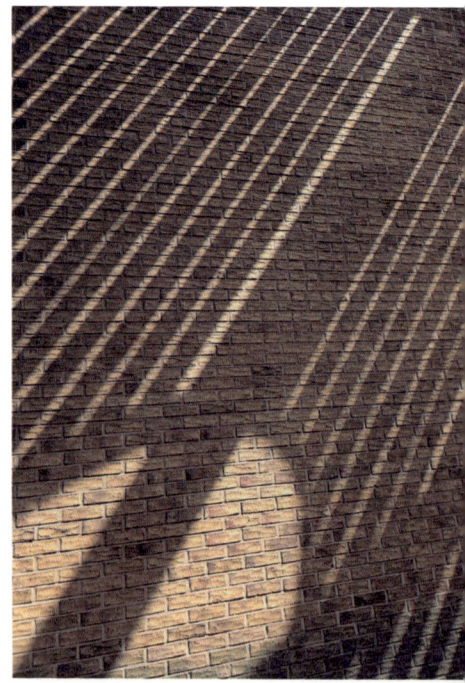

4장

선을 벗어나 자유롭게 숨쉬기

절친한 친구를 잃고도 동요되지 않는 사람을 보면 어떻게 보이는가? 키케로의 『우정에 관하여』에서는 친구의 죽음에 대해 대부분 사람은 깊이 슬퍼하지만, 그 슬픔의 미망에서 자유로운 이도 있다고 말한다. 이들은 선한 사람의 영혼은 육신의 감옥에서 쉽게 벗어나 신들에게로 돌아간다고 여겼다. 친구의 운명을 두고 슬퍼하는 마음조차 우정이 아닌 질투로 비칠까 두려워했다. 우정은 사람 사이에서 가장 중요한 것이며 선한 사람들 사이에서만 가능하다고 본 것이다.

우정과 선은 어떤 관계일까. 이 책에서 우정은 사람 사이의 관계를 말하는 것 같다.

사람과 사람 사이에는 서로를 대하는 마음이 중요하다. 그 기본은 선함에 있다고 생각한다. 우리가 누군가를 대할 때 좋은 마음으로 대하면 좋은 사람과 만나고, 혹여 불의한 상황과 마주하더라도 그것을 피해 갈

틈이 생긴다고 믿는다. 선함은 나 이외에 다른 무언가를 대하는 내 마음의 바탕이 되어야 한다.

어떤 사람을 선하다고 말할까. 올해 유난히 '나는 선한가?'라는 질문이 내 안에서 올라왔다. 그동안 나는 좋은 사람이라고 또 그렇게 되는 것이 옳다고 생각했다. 누군가를 위해 마음을 내어 줄 수 있고 타인을 이해하고 배려할 줄 아는 사람이어야 한다고. 타인의 속도에 맞춰 나의 속도를 조절할 수 있고 그가 하는 말 안에 가시보다 이면에 담긴 그의 감정을 읽고 고려할 수 있는 사람. 선한 사람의 기준은 점점 많아졌고 넓어져 갔다. 하지만 불쑥불쑥 올라오는 화와 짜증에 '나는 정말 선한 사람인가?' 의심이 들었다. 나는 누구인가? 어떤 사람이길 원하는가. 밖에서는 웃으며 감정을 다스리고 넘어가 줄 수 있는 일도 집 안에서는 폭포수처럼 분출하는 나를 보며 진짜 나는 누구인지 질문했다. 더 이상 나의 감정을 숨기고 타인으로부터 좋은 이미지로 남기 위해 애쓰고 싶지 않다는 마음이 올라왔다.

누구나 그렇듯 덥고 지치면 짜증 나고 나에게 상처 되는 말을 하면 속상하고, 배려 없이 다가오는 사람을 보면 화가 나는 그런 사람. 나도 다양한 감정이 올라오는 살아있는 사람이었다.

이따금 누군가를 돕는 일에 대해 생각했다. 일종의 봉사 말이다. 누군가를 위해 나의 시간을 내어 일할 수 있다면 그만큼 행복한 일이 또 있을까. 하지만 적극적으로 나서본 적이 없다. 사람을 이해하고 기다릴 수 있어야 하지만 그럴 자신이 없다. 내 마음엔 그만큼의 여유도 에너지도 아직은 충분하지 않다는 생각이 들었다.

시험을 보러 학교로 향하는 나의 가벼운 발걸음을 느끼던 날, 지금 하는 공부로 앞으로 어떤 일을 할 수 있을까 고민하다가 내년에는 현장에 나가 직접 경험해야겠다고 다짐했다. 마음만 먹었던 일을 실천해야겠다고 생각하는데 정말 선한지에 대한 질문이 다시 떠올랐다. 책상에 앉아 강의 듣고 책을 통해 간접 경험만 한 내가 얼마나 해낼 수 있을지 알 수 없다. 현장과 마주하는 전 과정을 통해 경험이 쌓여야 한다. 해 보지 않고는 미리 결단을 내릴 수 없겠지만 과연 나는 할 수 있을까. 힘든 일을 싫어하고 지저분한 것도 싫어하면서 밝고 화려한 것을 좋아하는 내가 할 수 있을까. 봉사한다고 해서 선한 사람일까. 누군가를 돕는 일이 선함에서 나오겠지만 꼭 선해서 하는 일일까 하는 궁금증이 계속됐다.

사회가 만들어 놓은 기준, 그 선(Line) 안에 있으면 선한 사람이 될까. 이런 말을 떠올리니 선하다는 것은 누구의 시선일까 궁금해진다. 친구의 물건이 바닥에 떨어져 있는 것을 보고 주워주는 것, 길에 쓰러진 사람을 보고 지나치지 않고 도와주는 것, 볕에 말라가는 식물에 물을 주는 일, 눈이 오면 먼저 나가 길을 쓸어내는 일, 무거운 수레를 끌고 가는 할머니의 뒤를 밀어주는 것, 보행이 불편한 사람이 길을 무사히 건널 수 있도록 함께 걷는 것과 혼자 울고 있는 아이가 보호자를 만날 수 있도록 연락해 주는 일. 이렇게 타인을 위해 무언가를 했을 때 선하다고 한다. 내가 하는 행동에 타인이 있고 그 모습을 보는 사회적 시선이 있는 것. 이것이 진짜 선일까?

마더 테레사 여사는 세상은 선한 사람들로 가득 차 있다고 말했다. 선한 사람을 찾을 수 없다면 바로 내가 선한 사람이 되어야 한다고 하셨다.

세상은 선한 것이 인정받아야 한다고, 그런 사람들이 잘 살 수 있어야 한다고 말이다.

선한 일을 하면 그것이 내게 돌아온다고 믿는다. 그러니 사람을 대할 때 좋은 마음으로 대하는 것이 옳다. 하지만 그 시선 안에 갇혀 나의 감정을 무시하고 나의 상황을 고려하지 않는 선의는 피해야 하지 않을까. 사람들을 돕고 나의 복을 쌓는다? 그렇게 에너지를 다 써버리고 바닥난 상태의 몸을 이끌고 집에 돌아온다면 선은 과연 누구를 위한 것일까?

선(善)이 선(Line)에 갇히지 않도록 나를 옭아매는 올가미가 되지 않도록 적당한 거리를 두고 살아야겠다.

특별함을 품은 평범한 날들

집 앞의 화단에 넓적하면서 가운데가 살짝 패인 큰 바위가 놓여있다. 그 바위는 길 바로 옆에 있어 오가며 보게 된다. 아이가 어릴 때, 바위로 변한 당나귀 그림책을 읽었는데 화단의 바위에 대해 비슷한 상상을 한 듯했다. 나에게 자신의 상상 이야기를 들려주고는 갑자기 바위 위에 웅크리고 누웠었다. 그림책처럼 자신의 특별한 바위라며 한참을 누워 있었던 기억이 난다.

바위 이야기를 꺼내니 어릴 때 시냇가 빨래터에 놓인 바위가 생각난다. 땅속에 반쯤 묻힌 커다란 바위가 두 개 나란히 있었는데 하나는 네모 넓적했고 다른 하나는 세모 모양을 하고 있었다. 냇가에 빨래를 하러 가는 엄마를 따라가면 놀이터가 되어 주던 바위들이다. 네모 모양의 바위는 누워서 하늘을 보며 놀았고 세모 모양을 한 바위는 미끄럼틀이 되어 주었다. 아이들이 하도 타서 반들반들해졌었다. 지금은 덤불과 굴러

온 돌들로 채워져 냇가 형태를 알아볼 수 없다. 그곳을 아는 이들의 눈에나 추측이 가능한 곳이 되었다.

특별함을 떠올리다 바위가 생각났고 바위를 떠올리니 어린 시절이 자연스레 따라왔다. 이제 오십 대가 되었으나 나의 어린 시절은 생각보다 더 많이 옛날 같다. 몇 년 전 지인들과 식당에서 밥을 먹다가 옛이야기를 하게 되었다. 일행 중 한 명은 이야기를 듣더니 고개를 갸우뚱거리며 내게 물었다. 이모 또래한테서나 들을법한 이야기라며 내 나이를 물어보았다. 나이에 대해 이미 들어서 아는데도 이야기 속 내용이 나와 연결하기에 너무 오래된 이야기여서 어리둥절한 느낌이라 했다. 1990년대 초반에는 시골에서 올라오는 사람이 많았는데 어린 시절 이야기가 나오면 나는 아주 먼 옛날의 사람이 된다. 내 주변에만 보이지 않는 것일까.

이야기가 나온 김에 좀 더 떠올려 본다. 산에서 나무를 해 불을 지펴 밥을 해 먹었고 빨래는 냇가에 가서 빨았다. 물은 다행히 길어다 먹지 않아도 되었다. 마중물을 부어 열심히 펌프질하면 올라오는 재래식 수동펌프가 있었기 때문이다. 이것도 요령이 필요하다. 마중물이 아래로 모두 내려가기 전에 열심히 손잡이를 위아래로 움직여야 한다. 처음엔 별 힘 없이 부지런히 위아래로 움직이면 되지만 수압으로 아래 물이 올라오기 시작하면 갑자기 힘이 필요해진다. 힘을 제대로 쓰지 못하면 물이 그냥 내려가 버리니 이때를 놓치면 안 된다. 힘껏 펌프질해서 물이 콸콸 나올 때는 기분이 최고다. 큰일을 해낸 듯한 기분이 들기 때문이다.

아궁이가 모자라면 삼발이를 꺼내 갈퀴나무로 불을 지폈었다. 동그란 모양에 발이 세 개 달린 쇠, 작은 냄비 하나쯤 충분히 받쳐주던 아주 간단한 도구였다. 갈퀴나무는 불도 잘 붙고 연기도 많이 나지 않아 불을 지피거나 요리할 때 주로 사용했다. 큰 솥에 오래 끓이는 음식은 산에서 잘라 온 나무를 사용했다. 산에 나무를 하러 가려면 새끼줄이 필요했는데 직접 지푸라기로 꼬아 만든 새끼줄을 갈퀴에 감아 산으로 갔던 적도 있다. 갈퀴나무는 소나무 잎이 떨어진 것을 갈퀴로 긁어모은다고 해서 갈퀴나무라고 했다. 엄마는 이따금 갈퀴나무를 하러 산에 가곤 했다. 동바는 주로 경운기에 무언가 무겁고 많은 양을 싣고 운반할 때 사용하던 아주 굵고 검은색 고무로 된 줄이었다. 동바라는 말도 참 오랜만이다. 이 단어를 아는 사람들은 어떤 기억을 간직하고 있을까? 그 시절 오빠들은 아침에 쇠꼴을 베어 놓고 학교에 갔다고 한다. 나는 오빠가 없어 나중에 알았는데 일손이 부족했으니 어려도 집안일 한 가지씩은 모두 당연히 했던 시절이다.

내가 가진 특별함에 대해 어떤 글을 써야 하나 고민하면서 재능이나 능력에 대해 곰곰이 생각하고 있었는데, 전혀 예상치 못한 이야기가 흘러나왔다. 삶에서 경험한 문화적 차이가 크다는 것도 내가 가진 특별함이라 생각한다. 지금은 시골에서 상경해 도시에 정착하는 사람이 그리 많지 않다. 시골을 지키는 사람들이 연세 드신 어르신들뿐인 만큼 도시로 상경하는 젊은이들도 귀하다. 그리고 시골이나 도시나 정보화가 잘 되어있어 예전만큼 삶의 차이가 크지 않다. 그럼에도 시골에서 자란 아이와 도시에서 자란 아이와의 문화적 차이는 있을 것이다.

나에게는 시골에서 자란 경험이 내가 가진 특별함 중 하나다. 이 특별함이 삶에 어떻게 나타나는지 궁금해진다. 사람들은 자신이 자라면서 체득한 경험을 다양한 곳에 담는다. 드라마 작가는 자신의 이야기에, 가수는 그 정서를 노랫말과 분위기 속에 담을 것이다.

그렇다면 나는 어떨까? 드라마를 보다 고향 사투리가 나오면 잊었던 감각을 깨워 아이들에게 잠깐의 흉내를 내어 보여준다. 사는 곳에 따라 말투도 달라지니 처음엔 어색하다. 하지만 아이들의 반응은 재밌어한다. 어릴 때 놀았던 기억이나 여러 가지 다양한 추억들을 들려줄 수가 있어 동화책 속 내용을 끌어오지 않더라도 좋다. 오래된 가옥이 있는 민속촌 같은 곳엘 가면 어린 시절 살았던 곳과 비슷해 떠오르는 이야기도 설명할 거리도 많다. 언젠가 창호지를 붙이던 방문에 대해 말한 적이 있었는데 분명 전에 말해준 이야기인데도 아이는 새삼 재밌게 들어주었다. 전시관의 도슨트처럼 전문가적인 지식을 알려줄 수는 없지만 옛 추억이 아이에게 들려줄 특별한 이야기가 된다.

사람에겐 각자 자기만의 이야기가 있다. 남과 다른 특별한 무언가를 굳이 찾을 필요가 있는가? 같은 상황 같은 시간 속에 있었지만, 각자마다 느끼는 감정이 다르고 기억이 다르다. 그러니 모두가 나만의 특별한 스토리를 가진다. 지금 내가 가진 특별한 것은 무엇이 있을까 고민하지 않아도 된다. 내가 서 있으면 나로 인해 그곳이 그 시간이 특별해질 테니까. 우리 모두 그러할 테니까.

감춰둔 불씨를 살려라

전문가가 되기에 충분한 나이가 있을까?

무엇을 도전하기에 적절한 시기가 있을까?

우리는 어떤 일을 할 때 기준을 세운다. 기준은 행동이나 가치판단의 근거가 되어 준다. 개인의 사정에 따라 다르지만, 어느 정도 기준에 도달되어야 비로소 마음을 놓는다. 기준에 못 미쳤을 때는 내가 아직 미성숙한 것 같고 모자란 느낌을 받는다.

무엇을 하기에 적절한 나이가 있고 남들 다하는 그때 하지 못하면 못난 사람 취급을 받았다. 암묵적으로 정해진 기준선을 지나서 시도하면 나이에 맞지 않게 행동하는 사람이 되고 말았다. 그러나 요즘은 나이에 상관없이 인정해 주고 응원해 주는 분위기로 바뀌었다. 나이가 들면 할 수 없을 거라 여겨졌던 분야에서도 대세로 떠오르기노 한다. 모델은 키 크고 늘씬한 사람들만 하는 줄 알았는데 백발을 멋있게 휘날리며 시니어 모델로 활동하는 분들처럼 말이다. 어린 나이에 잘하면 영재 소리를 듣고, 나이가 들어도 도전하면 멋진 사람이라며 박수를 받는다.

생각이 바뀐 시대지만 쉽게 도전하기 힘든 종목이 있다. 특히 운동이다. 어린 친구들도 도전하고 포기하기를 수도 없이하는 운동은 나이가 들어도 마찬가지다. 유산소 운동은 그나마 쉽게 할 수 있다. 그러나 근력운동은 쉽지 않다. 그럼에도 요즘 짧은 영상 중에 누가 보아도 연세가 지긋한 백발 어르신의 헬스장 도전기가 종종 눈에 띤다. 매일 반복하는 모습, 하루에 한 단계도 아니고 눈에 전혀 띄지 않게 천천히 자신만의 단계를 올리는 방법으로 말이다. 어떤 광고에 할아버지가 헬스 운동에 도전하는 영상이 나왔다. 무언가를 들어 올리는 모습이었는데 처음에는 아주 작은 것부터 시작했다. 매일 쉬지 않고 진행하셨고 그 변화의 단계가 아주 미미했다. 그렇게 한 달을 연습한 끝에 바닥에 놓인 무게가 있어 보이는 물건을 높이 들어 올리게 되었다.

그 운동이 무엇 때문에 시작되었을까 하고 보니 손녀를 들어올리기 위함이었다. 크리스마스에 놀러 온 손녀를 번쩍 들어 올려 트리의 꼭대기를 보여주기 위해서였다. 그 하나를 위해 한 달 넘게 반복하고 또 반복했다. 시작하고 일주일은 무엇을 집어 드는 행위 자체만으로도 힘들어하셨다. 다음 일주일은 아주 조금 변화했고 또 달라지셨다. 하나의 장면으로 연결해 보면 그 과정이 눈에 보이지만 매일 연습을 하던 할아버지에게는 무료하고 변화도 느껴지지 않았을 것이다. 그러나 손녀를 보시던 날 번쩍 들어 올렸을 때의 할아버지 표정은 감동이었다. 마음만 먹으면 안 될 일은 없다는 것을 그 영상이 증명해 보여주었다.

기준이란 보통 다수의 평균치를 말한다. 누구나 그렇다고 인정할 만한 것이다. 서로 조금씩 다를 수 있음도 전제한다. 그럼에도 우리는 그 기준이라는 장벽에 가로막혀 산다. 그래서 마음은 굴뚝같아도 쉽사리 시도하지 못한다.

배움에도 마찬가지다. 명문대라 불리는 대학에 들어간 학생들이 부러울 때가 있다. 그 친구들은 무엇을 보고 배울까 알고 싶고 그 머릿속은 어떤 생각으로 가득 차 있을까 궁금하다. 다시 공부하여 시험을 볼 생각까지는 없지만 청강은 가능하지 않을까? 해당 학교 교수님들과 학생들의 반응이 궁금하다. 물론 긍정적일 것이고 호기심 가득한 눈으로 바라볼 것이라 기대한다. 배우고 싶다는데, 궁금하다는데 오지 말라고 할 사람은 없다고 본다. 들어서 무엇에 쓸 것이냐 묻는다면 내 대답은 글쎄다. 그것을 어찌 알겠는가? 어떤 목적이 분명해서 듣는 경우라면 그 목적에 맞게 사용하겠지만 목적이 없다고 해서 들을 수 없는 것은 아니지 않을까? 어떤 것을 전달받고 감동하고, 또 어떤 변화가 생길지 누구도 예측할 수 없지 않을까? 단지 궁금함을 해소하는 것에서 끝날지도 모를 일이다. 한 번 들어서 알겠는가? 여러 번 들어야 겨우 이해할 수도 있겠지. 허락을 받고 들으러 가도 긴장해서 아무것도 못 알아들을 수도 있다. 수준이 너무 높아 이해할 수 없으면 당황할 수도 있지 않을까? 결과는 들어봐야 안다.

도전은 쉽게 용기 내어지는 것이 아니다. 내가 여기에 청강에 대해 풀어놓았다고 해서 어떤 교수님이 허락해 줄 것이며 혹여 허락해 주셔서 감사한 마음으로 듣게 되더라도 들은 뒤의 소감에 대해 얼마나 자신 있게 말할 수 있을까? 이러저러한 걱정에 용기가 나기나 할는지. 그러니 도전을 위해 내는 용기는 쉽지 않은 것이다.

반대로 굴뚝 같은 마음을 붙잡아야 민망한 일을 겪지 않을지도 모른다. 마음이 굴뚝 같다고 해서 모든 일을 도전할 수는 없다. 노래하고 싶은 마음이 간절하다고 해서 무조건 노래를 부른다면 어찌 될까. 음정과 박자 어느 하나 맞지 않는데 노래하고 싶은 마음만으로 되는 일은 아니지 않을까? 운동이 하고 싶다고 해서 무조건 시도할 수는 없는 것이다. 몸의 상태를 살피고 할 수 있는 범위를 알아야 한다. 분위기 파악과 상황 파악이 되어야 한다. 그런 것도 없이 시작했다가는 탈이 난다. 어디가 다쳐서 더는 사용할 수 없거나 움직일 수 없게 되기도 하고 회복하는데 아주 많은 시간과 노력이 필요하기도 하다. 결국 하고 싶은 것을 하는 시간보다 회복하기 위해 애써야 하고 마음조차도 먹지 못하는 상황이 올 수도 있다. 그러니 마음이 굴뚝같다고 해서 무조건 도전해서는 안 된다. 적어도 자신의 상황과 몸의 상태를 파악해야 한다. 시간이나 에너지를 생각하지 않고 일을 벌였다가 오히려 놓치게 되고 잃는 경우가 있다. 그러면 시도하지 않을 때보다 나아지는 것이 있을까?

무엇이든 마음만 먹으면 할 수 있다는 말에는 동의한다. 하지만 마음만 먹는다고 해서 모든 일이 가능한 것은 아니라는 것에도 동의한다. 어떤 기준에 맞춰 행동할지는 자신이 가장 잘 알고 있다. 자신의 기준을 세우고 굴뚝같은 간절한 마음으로 시작하라. **어차피 되고 안되고는 시도하고 난 뒤의 일이다. 마음 안에 간직한 작은 불씨들이 있다면 살리길 바란다.**

나의 가치를 높이기

'나에게 책이란 무엇일까?'

그 수많은 종류의 책 중에서도 고전을 선택하는 이유는 무엇일까? 나는 왜 갑자기 고전을 읽게 되었을까?

〈손석희의 질문들〉이라는 프로그램에서 황석영 작가님과 책에 관한 이야기를 나누는 장면이 있었다. 앵커는 뉴진스의 멤버가 고전 소설을 읽는 장면이 등장하면서 책 판매 부수가 증가했다는 이야기를 소개했고 BTS가 데미안의 세계관을 가지고 가사를 썼다는 이야기도 뒤를 이었다. 2023년 「국민독서실태조사」에서 이십 대 독서율이 증가했다는 결과도 소개했다. 젊은 친구들 사이엔 자신이 읽은 책을 소셜미디어에 인증하는 것이 유행이라고 한다. 책(Text)과 함께하는 것이 '힙'하다는 표현으로 '텍스트힙(TextHip)'이라 부르는데 책을 즐기는 문화가 형성된 것 같다.

'있어 보이는 게 중요할까요?' 있어 보이려고 읽는다는 패널의 말에 앵커가 던진 질문이다. 젊은 친구들은 있어 보이고 싶어 고전을 찾는 경향이 있었다. 읽었다는 것, 어쩌면 글자를 읽어 냈다는 것만으로도 뿌듯함을 주는지도 모른다. 내용을 이해하기엔 무리인 고전들이 많으니까. 그 이야기에 작가는 다음 말을 이어갔다. '그렇게 시작하는 거예요.'라고 말이다. 운동도 처음부터 중량이 많이 나가는 것을 할 수 없듯이 아주 작은 도구를 이용해 근력을 차근차근 키워가는 것처럼 독서도 가볍게 시작해 나가는 것이라고 이야기하였다.

내게도 책은 어쩌면 이미지를 포장해 주는 하나의 도구였는지도 모른다. 멍하니 있거나 잠을 자기보다 손에 책을 들고 있는 여자가 더 사람을 끌지 않을까. 한 권을 읽기까지 걸리는 시간도 남들보다 길었고, 남들과 비슷한 속도로 읽었을 때는 책장을 넘기기 바빴던 순간도 있다. 내용이 어려워 힘들었던 책도 있고, 남들이 읽는 베스트셀러나 유명 작가의 책이라 선택한 책들이 주를 이루기도 했다. 그러다 보니 내용의 깊이보다 그저 읽어 내려고 공을 들였던 시간이었다.

그런 시간이 지나고 동양 고전 필사할 계기가 있었다. 논어 한 권쯤 읽고 필사하면 내 삶의 중심점이 생기지 않을까 하는 마음이랄까. 그 시작의 마음 한쪽에 '나 논어 읽은 여자야.'가 있었다. 셋이 걸어가는데 그 중 한 사람이라도 배울 사람이 있을 거라느니, 배우고 익히니 즐겁지 아니하느냐라든지, 남이 알아주지 않아도 성내지 않으니 군자답다는 말들을 읽고 쓰며 좋아했던 기억이 난다. 고전의 시작은 그랬다.

고전을 필사하며 얻은 것은 글씨체였다. 글씨를 보면 그 사람의 성격이나 성향이 드러난다고 하는데 나는 나의 고유한 글씨체를 가지고 있지 않았다. 학창 시절 필기를 보면 어설프게 다른 글씨체를 따라 써서 노트가 정리되지 않아 보였다. 필사 노트를 십 대 때처럼 만들고 싶지 않았다. 매일 써가야 하는 글의 분량도 채워야 하고 시간적 제약도 있으니 이것저것 고민할 시간이 주어지지 않았다. 아주 가끔 공식 문서에 쓰던 글씨체로 마음을 정하고 필사를 이어갔다. 중간에 유혹이 잠깐 있긴 했지만, 다행히 고전 필사가 끝날 때까지 바꾸지 않고 이어갈 수 있었다. 고전이 내게 준 힘은 '단단함'이었다. **밖으로 향해 가는 시선을 거두어 나로 향하게 하는 단단한 힘이 생긴 것이다.**

동양 고전은 주로 나를 바르게 세우는 지침서 같은 역할을 하는 책이었고 서양 고전은 나에게서 나아가 사회와 더 거창하게 국가를 향하고 있었다. 몇 년쯤 고전을 읽다 보니 철학과 역사가 보이기 시작했다. 중간에 문학 고전을 접할 기회가 있었는데 그것 또한 묘미가 있었다. **책은**

그 종류가 다양한 기준에 의해 분류가 되어있지만 결국 하나의 이야기를 담고 있었다. 삶. 우리의 삶, 나의 삶. 지난 역사의 시간에서 벌어진 어떤 사건으로 사람들이 보여주는 행동과 생각들은 나를 어떻게 행동하게 할 것인지를 깊이 생각하게 만들었다. 어떤 선택을 할 것인지, 어떤 삶을 살기를 원하는지 말이다.

최태성 선생님은 『역사의 쓸모』에서 이런 말을 했다. '역사는 삶이라는 문제를 위한 완벽한 해설서'라고 말이다. 역사는 반복된다고 말하지 않는가? 커다란 국가와 사회적 문제의 반복뿐만 아니라 그 속에 사는 개개인의 이야기가 존재한다. 그런 면에서 인간의 삶은 반복과 관련 있다는 것을 알 수 있다. 몇천 년 전의 전쟁사를 담은 책은 국가 간의 관계와 그 안에서 살아내는 개인의 삶이 보인다. 고전 문학에서 그리스 비극에 등장하는 이야기들은 현대판 막장 드라마 저리 가라 할 정도다. 인간의 욕망과 탐욕, 선택과 결정 등을 표현하는 고대 인간들의 삶에서 현재의 삶을 본다는 것이 그저 놀라울 뿐이었다.

언젠가 읽은 『안나 카레니나』가 생각난다. '레닌'과 그의 부인 '키티'가 등장하는 부분에서 둘의 결혼 생활에 낯선 남자가 등장한다. 그 문제에 대해 서로 의심하고 싸우는 것이 아니라 자기 안에 올라오는 감정을 솔직하게 표현하고 소통하며 앞으로 방향을 결정한다. 그 장면을 통해 주인공 안나의 삶과 비교하게 되었다. 그것이 나의 삶에도 적용되어 남편으로부터 올라오는 오해와 서운한 감정을 적절하게 드러내고 표현하는 계기가 되었다. 내가 진짜 지켜야 하는 것이 무엇인지에 대해 고민하게 되는 기회가 되었고, 전보다는 좀 더 현명하게 행동하는 방법을 제안했다. 나의 고전 읽기는 그렇게 시작되었다. 처음엔 호기심이었다. 어렵지만 조금씩 도전하고 성공하기를 여러 차례 반복해 나갔다. 어느 순간 삼백 페이지 책을 단숨에 읽는 날도 왔다. 뭐든지 다 담기보다 덜어내는 일의 중요함을 깨닫게 했다. 지금 내게 필요한 것이 무엇인지 질문하고 찾을 수 있게 방향을 제시하였다. **그러니 역사를 담았건 문학과 철학을 담았건 책은 모두 삶의 해설서가 된다.**

황석영 작가님은 보여주기식 책 읽기에 대해 '그렇게 시작하는 거예요.'라면서 '명품 가방보다는 낫잖아요?'라고 하셨다. 명품 가방을 살 능력이 된다면 그 가방 안에 책도 한 권 들어있으면 금상첨화겠지. 그렇다. 삶의 가치를 어디에 두고 사는지가 중요하다. 명품 가방으로 나를 보여주는 사람보다 책으로 자신을 채우는 사람. 만날 사람을 선택해야 한다면 책을 든 사람을 선택하지 않을까?

이제는 꽃처럼 피어나라

우연히 문예부에 들어갔던 고등학교 때부터 '늘 푸른 소나무'는 나와 함께하는 이름이었다. 시간이 흘러 인터넷이 발달하고 온라인상에 자신만의 공간을 만들기 시작했다. 그곳에 자신의 이야기를 담는 사람들이 늘어났다. 분위기를 따라 나도 포털사이트에 블로그를 개설했다. 역시나 이름은 '늘 푸른 소나무'였다. 그 이름을 버리고 다른 이름을 올리고 싶지 않았다. 여전하다는 그 느낌, 변함없이 늘 그 자리에 있는 '푸르른 나무'고 싶었다. 엄마 뱃속에서 세상에 나와 나이를 먹으며 변해가는 환경에 놓이지만 그래도 꿋꿋이 그 자리를 지키는 나무가 되고 싶었다. 하얀 눈 가득한 메마른 추운 겨울에도, 저마다 새로운 싹을 틔우는 봄에도, 뜨거운 태양에도 초록이 더욱 짙어지는 여름에도, 총천연색으로 물드는 화려한 가을에도 변하지 않는 사시사철 푸르른 소나무처럼 그렇게. 늘 한결같은 사람이 되고 싶었다.

힘들다고 어렵다고 약속을 저버리지 않고, 옳고 그름을 분별하고 바른길을 향해 나아가는 올곧은 사람이 되고 싶었다. 사시사철 푸른 소나무처럼 항상 그러하여서 눈에 띄지 않고, 천지사방에 흔해서 별달리 관심을 끌지 않지만 돌아보면 늘 그 자리를 지키고 있는 그런 존재가 되고 싶었다. 그렇게 오랫동안 블로그의 메인에 '늘 푸른 소나무'가 존재했다.

그러던 어느 날 나는 꽃처럼 피어나고 싶어졌다. 잔뜩 웅크린 봉오리째로 남겨지지 않고 활짝 핀 꽃처럼 환하게 나를 드러내고 싶어졌다. 단체 메신저 방에서 본명 대신 사용하는 이름이 있다. 여전히 그 이름을 사용하고 있었다. 시간이 지날수록 그것을 이름으로 부르기엔 너무 길게 느껴졌고 다른 사람들을 따라 부르는 이름을 바꾸게 됐다. 늘 그렇게 변하지 않고자 했던 나는 다른 이름을 품기 시작했다. 영어식 호칭이었다. 때마침 이름의 앞에 수식어를 붙이는 미션이 진행되었다. 수식어를 붙이기 시작하면서 조용하고 소심하게 꽃으로 변하기 시작했다. **그리고 주문을 걸었다. 꽃이여 피어나라.** 이제 그만 웅크리고, 도약할 준비도 더 이상 하지 말고 있는 그대로. 내가 세상과 마주할 수 있기를 바라는 마음이었다. 언제까지 준비만 할 것인지 얼마나 더 기다릴 것인지. 그 막연했던 나의 꿈이 구체적인 언어로 삶에서 현실로 실현되기를 원했다. 그렇게 나는 꽃처럼 피어나길 원했다.

누구보다 밝고 화려함을 원하고 사람들 앞에서 자연스럽고 당당하게 표현하고 싶은 마음이 슬슬 깨어나고 있었다. 그러면서 나무는 사라지고 아직 피지 못한 봉우리로 남은 꽃이 나타났다. 피어나라고 열심히 주문을 외웠다. 하나씩 하나씩, 조금씩 조금씩 움직이며 봉오리를 열고 세상에 환하게 꽃잎을 펼쳐내길 기원했다. 용기가 어디에서 나온 것인지, 그것이 나에게서 시작되는 줄도 몰랐다. 어떤 신비한 힘이 나를 돕고 있을 것이라는, 나는 그렇게 될 것이라는 강한 믿음만이 저 밑바닥에 깔려 있었다. 내 속에서 그것을 상상하고 즐거워하는 일상이 나타나기 시작했다.

뒤돌아 소나무를 떠올려 보았다. 어떤 곳으로도 갈 수 없고 처음 정해진 그곳에 머물며 원하는 곳으로 절대 움직일 수 없는 소나무. 인간은 두 발을 가지고 원하는 곳 어디든 갈 수 있는데 나는 스스로 두 다리를 묶고서 고집스레 한 자리를 지키고 있었던 것은 아닐까. 어떤 곳으로도 갈 수 없는 삶. 이미 가슴에는 세상을 자유롭게 날아다니는 새를 담고서 보지 못한 사람처럼 외면하고 있었다. 진득하니 자신을 지키고 선 나무의 삶도 옳다. 무조건 틀렸다고 할 수 없다. 우리는 각자 자신만의 상황과 소신이 있으니까. 그러나 이제는 한 곳에 버티고 선 나무보다 활짝 핀 꽃이길 원했고, 훨훨 날아가는 새가 되고 싶어졌다. **세상에 나만의 꽃으로 활짝 피어나고 싶어졌다. 나만의 향기를 가지고 나아가고 싶**

어졌다. 자신만의 색을 가지고 자신만의 모양으로 피어난 꽃처럼 온전한 나로, 나만의 색으로 빛나고 싶어졌다.

내가 나무를 꿈꾸었을 때 이따금 어깨와 가지를 간질이며 앉았다 사라지는, 자신의 목소리로 이야기하는 새를 보게 된다. 처음엔 나뭇가지에 앉아 쉬며, 쉬지 않고 떠드는 새들의 이야기를 그저 노래로 듣고만 있었다. 어느 날 세상의 이야기에 귀가 열리고 머릿속에서 상상의 날개가 펼쳐졌다. 그리고 꿈을 꾸게 되었다. 내가 누구인지 무엇을 하고 싶은지에 대해 고민하는 시간이 늘어갔다. 내 안에 잠자고 있던 감정들이 깨어나기 시작했다. 세상이 그렇다고 정해 놓은 것과 사람들이 인정하고 받아주는 것을 향해 있던 내 마음 아래 숨겨졌던 진짜 내 마음을 만났다.

내가 좋다고 생각한 것이 진짜 내가 원하는 것인지 묻고 또 묻는다. 그동안 배워온 것이, 주변에서 그렇다고 인정한 것이 내 마음을 헷갈리게 하는 건 아닌지. 그래서 그것들을 쫓고 있는 건 아닌지 확인하고 찾아가는 시간도 필요해졌다. 질문하고 확인하고 찾아왔던, 한 곳에 우뚝 서서 단단하게 뿌리내리며 깊이 있게 삶을 고민했던 나는 이제 꽃을 피우려 한다.

4장

내 발로 서는 자유의 순간

엄마가 나에게 주었고 내가 딸에게 전달한 것은 무엇인가?

나는 사랑의 존재였다.

이미 사랑받는 존재로 태어났다.

내가 선택한 운명이 숙명이 되었다.

그 숙명을 내가 거부하고 있었다.

거부하는 데 나의 에너지를 쏟느라 창조성과 가능성, 나아감의 에너지가 떨어졌다.

엄마는 나의 생일 윗목에 상을 차려주셨다. 아침에 눈을 떴을 때 초한 자루와 떡시루가 놓인 작은 상을 보았다. 나를 위한 상이었다. 절구에 흰쌀을 찧는 엄마는 내 생일 시루에 넣을 쌀을 빻고 있었다. 부엌과장독이 있는 샘 사이에 무심히 놓인 돌덩이. 그 안에 빗물이 고이면 맑은 물에 얼굴을 비춰보곤 했다. 날 좋은 어느 날 물을 부어 몇 번의 청소로 깨끗이 닦아낸 절구에 하얀 멥쌀을 빻던 엄마. 무심한 절구처럼 엄마는 쌀을 빻았다. 다음 날 아침, 상에 놓인 작은 시루에는 엄마가 빻은 멥쌀과 팥이 켜켜이 쌓여 들어차 있었다.

엄마는 할머니가 공을 들이지 않으셨다고 했다. 엄마가 시집와 함께 살던 시할머니는 당시 집 뒤뜰에 자리를 마련하고 치성을 드렸다고 했다. 어릴 때 그 집에 놀러 갔다가 그 자리가 눈에 들어왔던 기억이 난다. 뭔가 달라 보이던 그 자리. 그때는 몰랐지만, 나중에 엄마 이야기에 유난히 눈길이 갔던 그 자리가 떠올랐다. 매일 기도를 하며 정성을 들이는 건 무엇 때문이었을까. 가족의 건강과 화목과 집안 농사의 번창함을 바라며, 그 기도 안에 내가 없었지만 결국 그것은 나를 위한 기도였을 것이다.

한동안 미움의 원인에 엄마가 있는 것을 알고 엄마를 대하는 내 행동에 새삼 다양한 감정을 느꼈던 적이 있다. 엄마는 폐암이 의심되어 서울 모 병원에 다니기 시작하면서 겨울이면 확인차 올라오신다. 의심이 갈 뿐 몇 년 동안 차이가 없는 것이 다행이다. 매번 진료를 보기 전까지 약간의 긴장감으로 진료실 앞만 향해 간다. 다음 정기검진 예약을 받고 돌아서면 그제야 엄마는 지하의 매장이 눈에 들어온다. 이것저것 온 김에 필요한 물건들이 눈에 들어오시나 보다. '올 때마다 살 것이 있는지.' 하고 내 속에선 미운 마음이 올라온다. 남편은 먼저 나서서 엄마 옷을 사드린다. 내 마음을 불편하게 한 것이 남편에 대한 눈치였을까 돈이었을까. 일 년에 두 번 정도 오시는데 그때마다 옷을 사드렸지만 요즘 내 시선이 곱지 않다.

원인은 아버지였고 그것으로 인한 엄마의 상황도 어려웠다. 그러나 그동안 이해하고 인정했던 건 머리였다. 내 가슴은 뒤늦게 깨달은 엄마에 대한 미움으로 가득했다. 멀리 떨어져 사는 게 다행이었는지도 모를 만큼. 일부러 전화도 드리지 않았다. 그런데 그 선택은 내가 하고 있었다. 내 마음을 이해하는 작업을 하면서 엄마에 대한 미움으로 다른 선택을 하지 않고 있는 나를 보았다.

나는 왜 내 딸이 편하지 않았을까. 사랑하고 다가가고 싶다가도 움찔하는 이유는 무엇일까. 온전히 나의 품 안에서 자랄 때까지는 못 느꼈는데.

엄마가 당신의 안전을 확보하느라 나의 안전을 보장해 주지 않았다고 생각했다. 그랬다. 분명 내가 그랬다고 하지 않는가. 엄마의 상황이 아니라 내 상황이 말이다. 내 안전이 위협받았다고 느끼는 순간들이 떠오르며 엄마에 대한 미움으로 이어졌다. 엄마로 인해 내가 딸을 향해 느끼는 감정에 영향을 받았다는 생각이 올라왔다. 배운 적 없으니 내가 딸을 어떻게 대해야 하는지 알 수 없지 않았을까. 모든 원인에 엄마가 있다고 말하고 싶은 것은 아니다. 엄마보다 훨씬 잘 살지만 내 상황과 감정에 빠져 아이의 상황을 놓치는 것이 엄마와 비슷하다고 느꼈기 때문이다.

남편과의 관계, 주변 지인들과의 관계, 내가 하고 싶은 것에 대해 마음 쓰느라 아이의 상황에 집중하지 못했던 날들이 있다. 우리는 다양한 관계 안에 있기에 적절히 조율하면서 살아야 한다. 나름대로 했다고 생각했지만 지나고 보니 정말 중요한 것을 보지 못했다는 것을 알 수 있다. 어떻게 해야 하는지 방법도 몰랐지만 진짜 나로 살지 않고 그냥 주어진 역할에 모든 신경을 썼다는 말이다.

지금도 마찬가지다. 엄마가 했던 엄마 나름의 사랑에 집중하기보다 내 안전을 지켜주지 않은 엄마로 보고 있는 나다. 시루떡을 만들고 잠든 내 머리맡에 상을 차리는 그 순간만큼은 나를 사랑하고 나의 안전을 위해 기도했다는 사실을 보고 있지 않았다. 그 선택은 엄마가 아닌 내가 하고 있었다. 많은 시간 부정적인 것에 대해 마음을 쓰고 있었던 엄마로 인해 나는 안전을 위협받았다고 느끼고, 또 그렇게 나는 내 딸을 향하고 있었다. 엄마는 엄마의 안전을 지켜내느라 나의 안전을 지켜주지 못했고 나도 내 안전을 확보하느라 아이의 안전을 놓치고 있었다. 자꾸만 아이의 부정적인 행동에 나의 불안이 작동하는 것을 느낀다. 미궁의 어딘가로 자꾸 내가 빨려 들어간다. 그러나 정신을 차리고 아이를 바라본다. 아이가 있는 곳에 나를 데려다 놓는다.

성숙하지 못한 사람은 성숙하지 못한 사람을 만난다고 한다. 함께 있지만 자유롭고 독립적이어야 성숙하다. **이제는 엄마에게서 온 미움의 유효 기간을 끝낸다.** 엄마에게서 진짜 마음의 독립이 필요하다. 엄마로부터 자유로워지고 딸의 독립을 지지하는 나로. 엄마는 엄마로, 나는 나로, 딸은 딸로 살아가기를.

새로운 가능성을 여는 열쇠

하던 일을 습관처럼 하는 것이 가장 편하게 느껴집니다. 그래서 변화를 두려워하게 되지요. 새로운 환경에 적응하는 것은 실수를 만들기도 하고 나의 부족한 면을 보게도 합니다.

하지만 변화는 나를 성장시키고, 색다른 기분을 느끼게 하여 삶에 활력을 주며 인생의 전환점이 되기도 합니다. 일상의 소소한 것이라도 변화를 느껴보시길 바랍니다.

1. 기억과 기록

- 내게 떠오르는 가장 처음 기억은 무엇인가요?
- 과거의 일 중 자꾸 떠오르는 것이 있다면?
- 나는 어떤 사람이었나요?
- 나는 어떤 사람이고 싶었나요?
- 사람들은 나를 어떻게 생각하나요?
- 지금 이 순간 떠오르는 사람은 누구인가요?

- 그 사람은 내 삶에 어떤 의미, 영향을 주었나요?

- 그 사람을 생각하면 어떤 감정이 느껴지나요?

- 그 사람에게 그때 또는 지금 하고 싶은 말은 무엇인가요?

- 오늘 가장 기억에 남는 것은 무엇이 있나요?

- 오늘을 기록으로 남긴다면 무엇을 남기고 싶나요?

- 오늘을 한 문장으로 정리해 본다면?

2. 시도와 도전

- 작지만 시도한 것은 무엇인가요?

- 오늘 나에게 가장 큰 변화는 무엇인가요?

- 현재 당신이 시도(도전)하고 있는 것은 무엇인가요?

- 그것을 통해 이루고 싶은 것은 무엇인가요?

- 그 도전이 당신의 삶에 어떤 의미가 있나요?

- 그 도전을 하게 된 이유는 무엇인가요?

- 그것을 하기 위해 필요한 자원이나 강점은 무엇인가요?

- 이 도전이 성공해야 한다면 이유가 무엇인가요?

- 기준은 무엇인가요?

- 성공했다는 것을 어떻게 알 수 있을까요?

- 어려움에도 계속할 수 있는 방법은 무엇인가요?

- 이것을 지속하기 위해 무엇이 필요할까요?

3. 응원과 격려

- 현재 그것을 하게 된 계기는 무엇인가요?

- 이 도전이 어떤 기쁨을 가져다주나요?

- 멈추지 않고 실천하도록 돕는 것은 무엇인가요?

- 과거에 어려움을 극복했던 경험은 무엇인가요?

- 과거의 경험을 통해 얻은 것은 무엇인가요?

- 과거에 성공한 경험이 있다면 무엇인가요?

- 그 경험이 현재에 어떤 도움이 될까요?

- 어려움에도 계속 시도하는 이유는 무엇인가요?

- 누구의 응원을 받고 싶나요?

- 어떤 도구나 자원이 필요하다면 어떻게 확보할 수 있을까요?

- 현재 상황을 통해 당신은 무엇을 얻게 될까요?

- 성공한 후의 삶은 어떻게 달라질까요?

- 현재 자신에게 가장 해주고 싶은 말은 무엇인가요?

완성

: 나만의 모양으로 단단히 서다

내가 걷는 길은 결국 나의 길이 될 것이다.

어떤 모양의 길이 되더라도, 나로서 살았다면 괜찮다.

끝내 나로 살아내기

어떻게 살아야 할까, 무엇을 하며 살아야 할까, 깊이 고민하며 살았다. 아침에 눈을 뜨면서부터 만나는 모든 장면에는 그저 지나치는 것도 있고 나를 멈춰 세우는 것도 있다. 일상에서 만나는 다양한 풍경에서 나는 어떤 것을 보길 선택하고 어떻게 나아가길 바랄까?

〈슬기로운 의사생활 시즌 1〉에서는 머리 수술이 필요한 환자가 나온다. 새로 이직해 온 교수가 수술 집도를 맡게 되고 두개골을 열어 수술하겠다고 한다. 담당하고 있던 의사는 그것은 위험한 수술이라며 뇌 신경계 전문의인 채송화 교수가 해주길 바란다. 그는 채송화 교수를 설득해 보지만 월권이라며 처음엔 거절당한다. 그러다 채송화는 결국 하기로 마음먹고 담당의에게 환자에게 잘 설명하라고 이야기한다. 노심초사 걱정이던 담당의는 기쁜 마음에 환자에게 수술에 관해 설명한다. 그러나 환자는 처음에 정해진 교수에게 하겠다며 의사를 바꾸려고 하지 않는다. 자신의 설명과 설득에도 바꾸지 않는 환자에게 답답해진 담당의는 도대체 어떻게 말해야 이해하겠느냐며 목소리를 높인다.

본래 그 수술은 외부에서도 주목하는 상황이라 병원장은 애초에 채송화 교수가 해주길 원했다. 그녀가 해야 하는 수술도 많았고 새로 부임한 교수의 입장도 고려해야 했다. 그럼에도 담당의는 한사코 그녀가 해야 한다고 설득했다. 채송화는 환자와의 대화에 답답해하는 담당의를 보고 새로 부임한 교수를 찾아가 자신이 어시스턴트[2]를 하겠다고 한다. 두뇌 신경계 수술 분야에 실력 있는 채송화로서는 어려운 결정이었다.

처음엔 환자를 다그치는 후배를 위해 자신이 해결해야 할 일이라 직접 말하는 줄 알았다. 환자를 생각하는 깊은 마음과 답답해하는 후배의 마음도 헤아려 그녀가 나선 것이라고 여겨졌다. 그렇지만 수술을 시작하게 됐을 때 그녀는 후배에게 말한다. 환자에게 사과한 뒤 오라고, 그렇지 않으면 수술실에 들어올 수 없다고 말이다. 자신의 논문을 쓰기 위해 고집을 부린 후배 마음까지도 헤아리는 그녀의 모습이 대단하게 보였다.

---

2   어시스턴트(Assistant) : 조수, 보조원

우리는 살면서 중요한 일이나 사소한 일도 늘 결정하며 산다. 그 결정 안에는 자신을 위함도 있고 타인을 위함도 있다. 어떻게 해석하고 선택하고 행동할지 각자마다 다른 의견이 있을 수 있다. 실제 현장은 다르겠지만 그녀를 보면서 참 현명하다고 생각했다. 새로 온 교수에 대한 배려와 자신의 상황을 고려하고 소신을 발휘하고, 후배의 마음도 생각하며 앞으로 어떻게 행동해야 하는지 가르침까지 주는 모습이 말이다. 삶은 그렇게 각자 자신의 이야기를 만들며 다양한 사연들을 담고 있다. **삶을 통해 얻은 경험과 쌓은 지식들로 자신의 모양을 만들어 간다. 그녀가 그런 선택을 하고 행동한 것에는 그녀만의 삶의 모양이 담겨있다.** 어떻게 살아왔는지, 중요하게 생각하는 삶의 가치가 무엇인지 알 수 있다.

동네 공원에 가면 길옆 나무들 사이로 오솔길이 있다. 공원과 외부 도로 사이 경계처럼 나무들이 길게 조성되어 있는데 그곳에 길이 난 것이다. 본래 걸으라고 만들어진 곳이 아니다. 공원을 도로로부터 구분하기 위해 조성된 공간이다. 공원이 생기고 처음엔 나무들이 크지 않아 그늘도 없고 휑한 모습이었다. 걷기를 하는 사람 중에 그늘을 찾아 그곳으로 걷기 시작했을 것이고, 자연스럽게 길이 난 것이리라. 신기하게도 사람이 걷기 시작하면 그 자리엔 아무것도 자라지 않아 금방 길이 된다.

없던 길도 만들어 내는 인간의 걸음은 헤매는 사람에게는 하나의 지침이 되기도 한다. 누군가 걷기 시작하면 우리는 곧 그 길로 따라 걷게 된다. 앞서 걸어간 사람이 있다는 건 그곳이 안전하다는 의미이기도 하다. 한 번이 아니라 그 뒤로도 많은 이들이 걸어갔다는 뜻을 담고 있을 테니까. 그 안전한 길이 방향을 잡아줄지도 모른다. 하지만 모두가 걸어갔다고 해서 그 길이 나의 길인지는 알 수 없다. 그 길을 간 모두가 그 길 끝에서 어떤 생각을 하고 있을까? 자신에게 지금 가고 있는 길이 자신이 바라는 길인지 질문이 필요하다.

길은 내가 만들어야 한다. 앞서 걸어간 이를 따라 걸을 수도 있고 새로운 길을 만들 수도 있다. 앞서 걸은 이의 뒤를 따라 걷다가 방향을 틀어 다른 길로 갈 수도 있다. 그 모든 나아감에는 내가 있어야 한다. 자신에게 질문하고 선택해 나가야 한다. 살면서 만나는 다양한 경험과 지식에서 그것이 내게 주는 것은 무엇인지 발견하여야 한다. 계획을 하고 가든, 무작정 가는 길이든 어떤 길, 어떤 모양이 될지 그 모습은 걸어가 본 뒤에 알 수 있지 않을까? 나는 지금까지 어떤 모양의 길을 만들어 왔을까? **내가 걸어가는 길은 나의 길이 될 것이므로, 어떤 모양의 길이 되더라도 나로서 살았다면 괜찮다.**

나처럼 사는 건 나밖에 없다. 나처럼 살아야 한다. 가수 홍순관 님도 말했듯 말이다.

완성 : 나만의 모양으로 단단히 서다

다시 태어난다면, 나는

환생에 대해 믿느냐고 묻는다면 "글쎄요."라고 대답하겠다. 아직 분명하게 대답하기는 어렵다. 다소 종교적인 느낌이 드는 단어이기도 하고 과학적으로 증명되지 않은 탓에 내가 단정 지어 말하기는 쉽지 않다. 불교에서는 윤회라는 단어와 관련된 말이다. 끊임없이 태어나고 죽는 것을 반복한다는 윤회라는 의미에서 환생을 설명할 수 있을 것 같다. 이와 비슷하게 업보라는 단어도 사용되는데 현생은 지난 생과 관련되어 있고 다음 생에 영향을 미친다는 관점이다.

환생과 관련해 『축의 시대』에서 이런 글을 읽은 적이 있다. 우파니샤드[3]의 야지나발키아는 '인간이 세속의 욕망에 너무 집착하면 죽은 뒤에

---

3   우파니샤드 : 인도(힌두교)의 철학 사상 모음 문헌으로 '가까이 다가가 앉다'는 뜻이며 야지나발키아는 대표적 사상가

하늘에 잠깐 머물며 지내다가 세상에 다시 돌아와 이곳에서의 새로운 삶을 반복하며 견뎌야 한다.'라고 나온다. 세상에 집착하지 않고 욕망으로부터 자유로운 브라만만이 두 번 다시 세상의 고통과 필멸의 삶을 살러 돌아오지 않는다고 말이다. 이 글을 읽으면서 나는 어쩌면 지난 생에서 하지 못한 것을 현생에 하러 왔는지도 모른다는 생각이 들었다. 만약 정말 그렇다고 한다면 나는 이번 생에 기필코 그것을 마무리하고 가고 싶다. 우리가 끝내지 못한, 도달하지 못한 어떤 단계에 이르게 될 때까지 무한정 반복되는 삶 속에서 계속 애쓰고 있는지도 모르겠다고.

그것은 **무소유의 단계**라고 여겨진다. 아무것도 가지고 갈 수 없는 죽음을 우리는 모두 거쳐야 하기에 소유하지 않는 마음, 욕심을 버리는 것을 의미하기 때문이다. 필요하다고 생각해서 사지만 결국 물건에 자리를 내어 주고 있지 않은가? 주위를 둘러보면 너무 많은 것들을 가지고 있다는 것을 알게 된다. 불편함을 줄이기 위해 하나 이상, 필요 이상의 도구를 사들이고 좀 더 멋을 내기 위해 옷장 가득한 옷을 두고도 매번 계절이 바뀔 때마다 새로운 옷을 사 오지 않았던가? 그러나 며칠만 지나면 다시 무엇을 입을지 매일 아침 고민하는 자신을 보게 된다.

그것은 또 **비움으로 나아가는 단계**다. 비우고 고요해지는 것 말이다. 가득한 물건들 속에서 답답함을 느끼고 그것들을 관리하느라 청소하며 보내는 시간이 생각보다 많다. 그것을 보면 비워내고 공간을 만들어야 한다는 것을 알 수 있다. 비움으로 생겨나는 공간의 여유가 삶의 여유를 불러올 것이다. 비워내고 났을 때의 개운함을 한 번쯤은 느껴보지 않았던가? 숨통이 트인다는 기분 말이다. 그 공간이 다른 물건들로 가득하지 않도록 공간을 유지할 수 있어야 한다. 비움으로 생겨난 공간을 만들어 누구라도 들어오고 나갈 수 있도록 한다면 어떨까?

또는 **내려놓음의 단계**다. 내가 가질 수 없는 것에 대해 욕심을 부리지 않는 것과, 이미 충분한데 더 가지기 위해 애쓰지 않아야 한다는 것을 알 수 있는 단계다. 내려놓음은 다른 대상에 대한 미련이나 기대하지 않는 마음을 표현한다. 아직 그럴 수 있다는 기대와 그 기대를 털어버리지 못하는 미련에 사람에 대한 부정적 감정이 쌓이게 된다. 그것으로 얼마나 상대를 힘들게 하고 마음을 불편하게 했던가. 나는 얼마나 버리지 못한 미련 때문에 아이를 구석으로 몰았던가.

환생이 이루지 못한 무엇 때문이라면 나는 이번 생에 그것을 끝내고 가고 싶다. 사람과 사람 사이에서 내가 하는 해석으로 생겨난 오해나 감정들로 더 이상 힘들지 않으면 좋겠다. 우리 모두 행복과 기쁨을 누리면서, 이번 생에 그 단계에 도달할 수 있기를 바란다. 그런데 나는 부처가 될 수도, 예수가 될 수도 없다. 그분들처럼 된다면 가능하겠지만, 그런 존재가 되기 어려운 미물의 나는 아마도 다시 윤회하는 삶을 살게 될 것 같다. 삶의 바퀴에 매달려 정해진 운명대로 가고 있는지도 모른다. 그것이 내게 주어진 몫인지도.

헤파이스토스의 대장간에서 불을 훔쳐 인간에게 전해준 프로메테우스가 코카서스의 바위산에 쇠사슬로 묶여 계속해서 독수리에게 간을 쪼이듯 말이다. 불사신 프로메테우스의 간은 반복적으로 재생되어 고통은 끝없이 계속된다. 그의 모습이 태어나 죽고 다시 태어나는 환생의 과정에 겪는 고통과 비슷해 보인다. 또는 산 아래로 굴러떨어진 바위를 다시 산 위로 올리는 시지프스처럼 반복되는 생의 고리가 내게 주어진 운명인지도 모르겠다.

책의 그 구절은 오히려 나를 구원하는 말일 수도 있겠다. '굴레를 벗어나는 어떤 단계에 이름을 깨닫는 순간'이 생의 반복을 끊어내는 계기가 될 수 있다는 말 말이다. 어쩌면 나는 프로메테우스나 시지프스처럼 반복되는 삶의 고통과 번뇌를, 순간의 행복과 기쁨으로 망각하며 당연하게 받아들이고 있었는지도 모른다. 그때 저 문구가 나를 깨워준 것일 수도 있다. 그만하고 싶다는 마음이 떠올랐으니까 말이다. 그래서 삶은 계속 반복되는 형벌이란 생각을 했나 보다.

지구에서 살아가려면 몸이라는 형태가 있어야 가능해진다. 우리는 각자 자신만의 어떤 에너지로 흐르다가 이 별로 오면서 몸을 하나씩 가지게 되었다. 서로 다른 몸을 가지고 이 시공간에 갇힌 채 몸의 생명이 끝날 때까지 관계를 맺는다. 즉 그 안에서 비롯되는 모든 면에서 실수하고, 배우고 깨닫고, 영향을 주며 서로 나아갈 수 있도록 돕는 존재들인 것이다. 그렇다면 신이 되기 전에는 윤회하는 삶을 벗어날 수 없을 것이라 느껴진다.

만약 환생이 있어 내가 다음 생을 다시 살아야 한다면 말이다. 정말 지난 생이 현재에 영향을 주었고 현생이 다음 생에 영향을 준다면, 좀 더 나은 인간으로 살다 가리라 다짐하게 된다. 다음 생은 이생에서보다 더 나은 삶을 사는 그 무엇으로 태어나길 바라는 마음에서다. 지금 있는 곳이 어디인지, 어떤 삶으로 왔는지, 무엇을 해야 하는지 알기 위해 오래 방황하지 않고, 자연스럽고 빠르게 받아들이고 알아볼 수 있도록 현생의 삶을 더욱 잘 살아야 하리라.

한 뼘 더 넓어진 시선

푸른 바다는 넓다. 같은 공간에서 바라보면 그 끝을 알 수 없다. 우리를 감싸고 있어 보이는 바다는 실제로 지구의 육지 위에 담겨있다. 땅의 낮은 곳에 들어차 있으면서 오히려 우리를 감싸고 있는 것처럼 보인다. 그렇게 바다는 우리를 언제든 덮어줄 준비가 되어있다. 우리의 모나고 패인 부분, 또 어떤 다양한 모양이든 간에 우리가 숨어들고 싶어 한다면 말이다.

마음이 넓은 사람을 바다 같다고 표현하는데 우리는 얼마나 넓을까. 바다도 물이 더 고이면 더 넓어지듯 우리 마음의 크기에는 한계가 없다. 하지만 사람 마음이 자꾸 쪼그라든다. 태평양보다도 더 넓어 모두를 품을 수 있을 줄 알았는데. 살면서 경험이 쌓이고 지혜가 늘고 사람을 대하는 마음도 너그러워질 줄 알았는데 말이다.

아이를 넓은 울타리로 감싸주고 키울 줄 알았다. 끝없이 바라봐 주고 소통하며 품어주는 그런 엄마가 될 거라고 믿었다. 그런데 품는다는 것은 생각만큼 쉽지 않았다. 아침에 깨우면 왜 나에게 짜증을 내는 건지 도대체 모르겠는데 어쩌란 말인가. 학교를 다녀오면 툴툴거리며 들어오는 아이는 책가방을 툭 던지며 덥다고 짜증이다. 오늘 스케줄이 무언지 물어보면 '아, 몰라.'라며 핸드폰만 보는 아이를 어떻게 대해야 할까. 어떤 날은 힘들어서 그런가 보다, 하다가도 내 안에 화를 주체할 수 없을 때도 있다. 아이의 볼멘소리에 한마디 던졌다가 일촉즉발의 상황이 되고 겨우 위기를 모면하고 나면 '내가 이거 뭐 하는 짓인가!' 싶은 생각이 올라온다.

외국의 한 여성이 공항에서 비행기를 기다리며 핸드폰을 보고 있는 사진[4]이 관심을 끌었다. 바닥에 아이를 내버려둔 채 말이다. 그녀는 무슨 이유로 아이를 저렇게 방치하는 것일까. 사진을 본 사람들은 그녀를 나무랐다. 그리고 그녀의 신상이 털리기 시작했다. 직업이 간호사라고 알려지게 되며 사람들은 그녀의 간호사로서 자질까지 의심하고 있었다. 처음 그 사진을 보았을 때 나도 같은 생각이 먼저 들었다. 아직 안고 있어야 할 아이는 바닥에 놓여있다. 얇은 천 하나 깔아 놓은 채 뉘어 놓은

---

4   유튜브 파인딩스타, 바닥에 눕힌 채 핸드폰 보던 아기 엄마, 숨겨진 진실 밝히자… (2023)

아이. 팔짱을 끼고 다리를 꼬고 휴대폰을 들여다보고 있는 엄마. 그녀의 모습은 마치 아이를 바닥에 방치한 몰인정한 엄마처럼 보였다. 사진은 돌고 돌아 그녀의 눈에 띄게 된다. 집에 돌아간 그녀가 자신의 비정한 모습을 담은 사진을 보았을 때 어떤 마음이 들었을까.

그 엄마는 해명의 영상을 찍어 내보냈다. 자신이 담긴 사진에 대한 설명이 필요했다. 내용을 설명하자면, 그녀는 친척을 방문하고 집으로 돌아가는 길이었다. 통신망이 마비되며 스무 시간 넘게 공항에 대기하는 상황이 생긴 것이다. 생후 2개월 된 아이와 함께. 비행기 출발이 지연돼 공항에서 대기하는 동안 아이를 계속 안고 있었다고 한다. 잠도 제대로 못 잔 아기 엄마는 팔이 아프기도 했고 계속 안겨있던 아이가 몸을 움직일 수 있게 해주고 싶었다는 것이다. 장시간 안고 있어 보니 실수로 아이를 떨어뜨릴 수 있겠다는 걱정을 했다고 한다. 그래서 잠시 뉘어두었다는 것이다. 이것을 본 어떤 사람이 사진을 찍어 온라인에 공개한 것이다. 누군가 시선에 담긴 한 장의 사진으로 그녀는 일순간 못된 엄마가 되어버렸다.

내가 만약 그 엄마를 보았다면 '뭐야, 왜 애를 바닥에 놔뒀어. 저 엄마는 저렇게 작은 아기를 바닥에 두고 핸드폰이 보고 싶을까.'라고 말했을 것이다. 문화적 차이인지 모르겠지만 그녀의 해명에도 너무 어린아이를 바닥에 두었다는 게 나로서는 사실 이해하기는 어렵다. 사진을 찍었다는 그 사람도 보이는 것만 봤을 것이다. 사정을 살피고 이해하거나 도와줄 만한 행동을 하기보다 보이는 것에 자신만의 해석을 해버린 것이다.

요즘처럼 정보가 빨리 전달되는 시대에 산다는 건 나의 모습이 의도와는 다르게 퍼져 나갈 수 있음을 기억해야 한다. 많은 정보를 손쉽게 얻을 수 있는 만큼 잘못된 내용을 담은 자료도 너무 넘쳐난다는 것을 우리 모두 알고 있다. 그것을 선별할 수 있어야 하는데 말이다. 우선 눈에 보이는 것을 그대로 볼 수 있어야 한다. 감정을 담지 말고 보이는 현상 그대로 바라보기가 필요하다. 그리고 거기에 나의 해석을 담기 전에 상대의 상황을 살필 수 있는 여유가 있어야 한다. 그렇게 하려면 어떻게 해야 할까. 사실 직접 물어보는 것이 가장 빠르겠지만, 괜히 남의 일에 웬 관심이냐는 핀잔을 들을 수도 있어 그것도 쉽지는 않다. 이 시대는 언제 어느 때 타인의 관심사에 오르내리고 부정적 사건의 대상이 될지 모른다. 그래서 오히려 행동을 제한당하기 쉽다. 마녀사냥의 대상이 되지 않으려면 행동에 주의를 기울여야 하니까.

보고 판단하고 결정짓기까지 짧은 시간 안에 해내야 하는 시대지만 조금만 넓게 보면 어떨까. 마음의 여유가 있고 급하지 않아야 재해석할 시간도 생기는 법인데. 첫 장면에서 오해했더라도 잠시 멈춰 살폈더라면, 조금만 상황을 지켜보았더라면 가능해질 것이다. 타인을 향한 마음만큼 나 자신을 향한 너그러움도 함께 가질 수 있기를 바란다. 해도 해도 끝이 없는 집안일을 매일 하느라 수고하는 나에게, 잘 써지지 않는 글이지만 한 줄 한 줄 채우려 애쓰는 나에게. 너그러운 마음은 내 마음이 풍요로울 때 생긴다. 나를 그렇게 바라봐 주는 것이 먼저다. 그리고 타인을 향해 너그러워지자. **바다가 땅을 품는 것은 땅이 자신을 품어주기에 가능한 것이다.**

오늘도 하교하고 돌아온 아이는 학교가 즐겁지 않아 짜증을 내는 것일까? 아닐 것이다. 귀가하는 길에 내리쬐는 저 볕이 너무 뜨거워, 양쪽 어깨에 매달린 가방이 너무 무거워, 잠시 쉬었다가 다시 갈 학원이 가기 싫어서일 것이다. 나에게 화가 난 것도, 나를 향한 짜증도 아니다. 그저 아이는 자기감정을 표현하는 것이다. 그러니 너그럽게 받아주자.

나를 돌보는 일, 타인을 위한 것

원하지 않은 일에 대해서 한마디로 싫다거나 안 된다고 한 적이 있었는가?

당연하고 쉽게 그러지 못한 사람 중 하나가 나였다. 그러한 말을 혹여 했더라도 며칠을 혼자 끙끙 앓고 있었다. 그 말에 상처받지는 않았는지, 내가 수락하지 않아서 그 일이 틀어지는 건 아닌지, 나 이외에 해줄 사람이 없어 상대가 쩔쩔매는 건 아닌지 하고 말이다. 미리 거절하는 상상을 해 경험하지도 않은 감정을 경험한 것처럼 느끼기도 했다. 불필요한 에너지를 소모하느라 일상에 필요한 에너지를 제대로 사용하지 못했다.

나를 돌보지 않고 내 마음을 제대로 들여다보지 않은 상태로 타인을 배려한다면 결국 나 자신을 돌보지 않는 것이다. 내 마음이 온전히 편한 상태일까? 내 마음이 정말 원하는 것일까? 자신에게 질문해야 한다. 진정으로 원하는 것이 무엇인지 알지 못하는 상태에서 타인을 위해 행동한다는 것은 진짜 나를 위한 것이 아니다. 우리는 타인과의 관계에서 잘 지내기 위해 내가 아닌 상대를 생각해 행동한다. 마음 한쪽에 진짜 원하는 것은 따로 있지만 현실에서 그것을 선택하기란 쉽지 않다. 예를 들어 누군가를 만날 때 내키지 않는 경우가 있다. 그렇지만 업무상이나 상대를 배려하는 마음에 약속을 잡는다. 물론 업무처럼 어쩔 수 없는 상황들은 삶에서 빈번히 일어나기 마련이다.

나보다는 타인을 배려해야 한다고 배운 것도 영향이 크다. 이기적인 사람보다 타인의 마음을 헤아리고 이해하는 행동을 하는 사람에 대해 좋은 평가를 한다. 우리가 하는 모든 행동이 나의 마음이 아닌 상대를 위한 배려에서 나온 것이라면 과연 나는 행복한 사람이라고 할 수 있을까? 과연 타인을 위해 사는 삶이 훌륭한 삶이고 행복한 삶일 수 있을까? 타인을 위한 행동이 또 다른 타인들에게 보일 나의 모습을 생각해서 하는 것은 아닌지, 사회가 그런 사람을 요구하기 때문은 아닌지 자신에게 질문해 보아야 한다. 돕거나 이해하고 배려하며 친절을 베푸는 과정에서 인간은 만족감이나 행복함을 느끼지만, 그것이 과연 진짜 내가 원하는 감정인지, 나를 위한 것인지 알아보아야 한다.

모임을 하러 가는 길, 함께 타고 갈 차량이 한 대 더 있는데 모두 한 차에만 몰려가 있었다. B는 사는 곳이 달라 주로 따로 참석하곤 했다. 그러나 그날은 중간에 만나 같은 장소로 이동하면서도 B는 혼자 가게 되는 상황이었다. 나는 B가 줄곧 혼자 다녔으나 이런 상황에선 누군가 함께 가주면 좋겠다는 마음이 들었다. 같이 가려는 사람은 아무도 없었고 혼자 출발하려 준비하는 모습이 마음에 걸렸다. 그렇게 혼자 남는 사람을 보면 마음이 불편해져 온다. 그래서 함께 가자고 말하며 나의 짐을 실었고 그녀의 차에 탔다. 그러자 이번에는 매번 나를 태워주는 A가 마음에 걸렸다. B가 혼자 가니 다른 차로 움직이겠다고 A에게 메시지를 남겼다. 그리곤 돌아오는 길에 말을 꺼냈다. 불편했던 내 마음도 있었지만, 혹시나 서운할지도 모르겠다는 생각에 내 마음을 설명하였다. 혼자 가는 사람이 마음에 걸렸기 때문이라고 말이다. 그동안 나를 태워주었는데 다른 차로 이동하는 것에 서운한 마음이 들지도 모르겠다 싶어서 문자를 남겼다고.

상황을 들은 A는 이해하고 있었다. 잘했다고 말해주었다. 나의 행동은 혼자 남겨진 이에 대한 배려였지만 상대방의 마음이 어떨지는 이야기해 보아야 알 수 있다. 자기랑 다니던 사람이 누군가가 혼자라고 도와주러 가면 그동안 자신이 애썼던 마음이 사라지는 것 같은 기분이 들 수도 있기 때문이다. B와도 동행해 주는 이가 있다면 좋지 않았을까? 그건 내 생각이고 B는 아무렇지 않게 여겼을지도 모른다. 이것이 내 생각일 뿐일까? 오지랖인가? 그럴 수도 있겠다.

나도 평소 태워다 주던 A의 차를 타고 가고 싶었다. 그것이 원래 마음이었다. 그래서 누군가 혼자 가는 B와 함께 가 주었으면 했다. 하지만 아무도 없었다. B는 차를 향해 걸었고 짐을 싣고 있었다. 나는 얼른 이름을 부르며 그녀를 향해 걸어갔다.

서울대 나민애 교수님의 강의에서 이런 이야기를 들었다. 전쟁 때 주먹밥을 얻어서 배고픈 아들에게 모두 주고 자신은 굶은 한 아빠와, 주먹밥의 반을 떼어 아들에게 주고 나머지 반을 먹은 아빠의 이야기였다. 다른 아빠는 아들이 배가 고프다며 더 달라고 해도 언제나 반을 잘라 아들에게 주고 나머지는 자신이 먹었다는 것이다. 두 아빠는 어떻게 됐을까. 주먹밥 모두를 아들에게 주었던 아빠는 결국 굶어 죽었고 그 아들도 굶어 죽었다고 한다. 다른 아빠는 배고픔을 견뎌내고 전쟁이 끝나 둘이 행복하게 살았다고 했다. 아들을 위해 모든 걸 내어 주었던 아빠는 자기 몸을 챙기지 못해 죽게 되고 어떻게 살아야 하는지 모르는 아들도 결국 죽게 되었다. 하지만 어려운 상황에 자신도 챙기고 아들도 챙겼던 아빠는 함께 오래도록 행복할 수 있었다. 엄마가 너무 자식을 위해 삶을 살다 보면 자신은 없는 삶을 살게 된다. 자신을 위해 맛있는 것도 먹어주면서 챙기는 것이 더 오래 행복한 길임을 두 아빠의 이야기를 통해 알 수 있었다.

『소년과 두더지와 여우와 말』이라는 책에서 두더지는 자신에게 친절한 게 최고의 친절이라고 소년에게 말한다. 우리 사회는 타인에게 배려하는 삶, 친절한 삶을 살라고 말해왔다. 그것을 부정하고 싶지는 않다. 나도 누군가의 친절에 감사하고, 배려에서 따듯함과 행복을 느낄 때가 있다. 그런데 타인을 배려하다 보면 나를 잊게 된다. 나를 잊고 타인을 위한 삶을 살다 지치기도 한다. 도대체 나는 어디에 있는지 무엇을 하고 있는지 의문스러울 때가 있다. 자신에게 친절한 것이 최고의 친절이라는 두더지의 말처럼 우리는 자신에 대해 생각해야 한다. 나를 지키는 것이 타인을 지키는 것이기도 하니까. **타인을 배려하다 내가 없는 삶을 살면 어떤 의미가 있겠는가? 나를 보살피지 않고 타인을 위하는, 내가 없는 삶은 결국 내 삶이 아니다.**

고집부리지 말고 마음을 표현해

고집은 한번 생각하고 마음먹은 것을 쉽게 바꾸려 하지 않는 것을 말한다. 고집 있는 사람 중 일부는 소신 있고 일관적인 생각과 행동으로 자신이 지닌 가치와 목표를 향해 흔들리지 않고 나아가는 사람이다. 어려운 상황에도 변하거나 생각을 바꾸지 않고 일관되게 끌고 나가 포기하지 않고 노력을 거듭해 성취로 나아가는 사람들이 있다. 이런 사람들과 함께하면 목표를 향해 꿋꿋하고 묵묵하게 나아가 목적지에 도달할 수 있음을 확신할 수 있다. 그러나 반대로 고집 있는 사람들의 일부는 자신의 주장이 지나쳐 다른 사람들과 소통이 되지 않아서 마찰을 일으키거나 관계를 나쁘게 만들기도 한다.

기존의 의견만을 고집해 새로운 것을 반영하여 더 나은 것으로 만들려는 노력이 부족하기도 하다. 다른 사람의 의견에 동참하지 않고 수용하려는 노력 없이 변화에 저항하는 반항적인 태도를 보이기도 한다. 이런 면은 자기중심적이고 이기적으로 보이게 만든다. 또한 무례한 사람으로 보일 수 있다. 자신의 이야기만 옳다고 생각하고 고집을 부리는 사람의 귀에 다른 사람의 이야기가 들리지 않을 것이다. 상대방이 어떤 말을 하고자 하는지, 어떤 의미에서 그런 말을 주장하는 것인지 이해하고 들으려는 태도가 필요하다.

『방구석 미술관』에 등장하는 여러 화가 중 이응노 화가는 빠르게 변화하는 시대에 과거의 삶만 고집하는 아버지를 보았다. 그러나 그는 시대의 흐름에 따라 서양화를 배우게 된다. 스승 집에서 허드렛일하며 배운 그림이지만 먹고 사는 일이 해결되지 않으면 그림을 그릴 수 없다는 생각에 간판 집을 열기도 했다. 가게가 잘 되어 동생에게 일을 맡기고 다시 그림을 그리게 되는데, 사람들이 모두 서양화만 그린다면 동양화는 어떻게 될 것인가라는 생각이 든다. 그리고 두 가지를 접목하는 작업에 몰두하기로 한다. 나중에 인민군에 끌려가 소식이 끊긴 아들이 베를린에 있다는 이야기에 찾아갔다가 간첩 혐의로 옥살이도 한다.

이후 이응노 화가는 그림을 단순히 벽에 거는 장식품이 아닌 사회와 인간에 대한 발언을 담아야 한다고 주장했다. 동양화, 콜라주, 추상화 등 다양한 변신의 귀재로 불리었다고 한다. 그가 고집스레 동양화에만 몰두했다면 어땠을까? 또는 서양화만 했다면 어땠을까? 물론 한 가지에 몰두한다는 것은 그를 그 자리에 우뚝 서게 하는 굳건한 밑거름이 될 수도 있다. 그러나 그는 세상의 흐름에 따라 변하기도 하고 다시 우리 것을 지키기도 하면서 함께 접목하는 작업까지 다양한 작품세계를 펼칠 수 있었다. 그는 변화하는 세상을 통해 관찰하고 예술에 자신의 견해를 담아냈다.

어떤 상황에 자기 생각을 고집하기 때문에 갈등이 생기기도 한다. 그 상황에 대해 타인과 의논하지 않고 자기 견해를 고집하는 것은 싸움의 원인이 될 수 있다. 직장 내 갈등, 가족 간의 갈등, 정치적 대립도 이러한 것이 원인이 되어 일어나는 것이다. 자신의 의견을 말할 수 있지만 그것을 끝까지 관철하려는 고집을 내려놓아야 서로 간에 마찰이 줄어들고 싸움이 되지 않는다.

첫째를 임신했을 때 남편은 유난히 바빴다. 신혼에는 새벽에 출근해서 오전에 일을 끝내고 오는 날이 많았다. 임신 초기에는 이른 출근 후 여섯 시에 퇴근해 바쁘게 집으로 왔다. 그때 남편은 친구와 예정에 없는 동업을 하던 시기이기도 했다. 일을 하고도 뭐가 그리 신나는지 부지런히 씻고는 부리나케 가게로 향했다. 나는 하루 종일 심한 입덧에 집안일은커녕 아무것도 못 먹고 소파나 침대랑 한 몸이 되어 하루를 버티고 있었다. 남편이 귀가해 나를 챙겨 주거나 잠깐이라도 여유롭게 대화할 시간이 있다면 좋겠다고 생각했는데 그렇게 가면 또 혼자 남겨진 기분이었다. 마치 집안일과 나를 챙기는 것을 피하기라도 하는 사람처럼 가게 일을 핑계로 도망치는 듯한 모습으로 느껴졌다.

직원들도 있고 친구도 있는데 매일 가지 않아도 되지 않느냐고 물었던 적도 있지만 남편은 웃으며 다녀오겠다고 하고 집을 나섰다. 처음 시작하는 일이라 기대도 되고 설레기도 한 것을 알고는 있었지만 너무나 가게 생각만 하는 남편이 고집스러워 보였다. 주인 의식을 갖고 열심히 하는 모습이 오히려 더 그렇게 느껴졌다. 지금 중요한 건 돈이 아닌데 말이다. 만삭 때는 가게에서 동해로 송년회 겸 단합대회에 참석하기도 했다. 마치 학교에서 엠티 가는 학생처럼 즐거워 보였다. 그때를 생각하면 지금도 정말 서운하다.

누구보다 남편의 귀가를 기다렸다. 하지만 힘들게 일하고 온 남편에게 뭐라고 말할 수가 없었다. 더군다나 친구랑 놀러 나가는 것도 아니고 가게를 챙기러 나가는 남편에게 무슨 말을 할 수 있겠는가. 원망스러우면서도 속만 끓이던 시기였다. 지금 같으면 잔소리나 투정을 부릴 수도 있고 진지하게 대화를 시도했을 것이다. 그때를 생각하며 답답했던 나의 마음이 아이의 성격에 영향을 주었을 거라고 남편에게 미운 말을 하기도 했다.

지금 와 생각해 보면 한편으로는 이런 생각도 든다. 남편이 나의 그러한 상황을 이해하고 배려해 주길 바라며 그저 기다렸던 내가 고집스럽게 보이는 것이다. 오히려 알아줄 때까지 기다리기만 하다 속만 타는 미련함으로 느껴진다. 그냥 나는 내가 열심히 보호하고 챙기면 되는 것인데 말이다. 한 번이라도 제대로 남편에게 대접받고 싶은 마음에 끓는 속을 표현하지 않고 일부러 짜증을 낸 적도 있다. 뭘 사 오라거나 어떻게 해달라고 분명하게 명령을 내려줬더라면 그렇게라도 해주고 갔을 거라는 생각도 든다. 남편은 자신이 벌인 일을 열심히 하는 모습을 보여주는 게 옳다고 생각했을지도 모른다. 아이도 태어날 것이고, 우리에겐 거금인 돈을 들여 걱정도 되면서 잘해보고 싶은 마음이 정말 컸을 것이다. 그런 남편 마음을 알면서도 내 마음이 더 복잡했던 그때는 그 말을 하지 못했다. 왜 제대로 말하지 않았을까? 자신이 옳다고 생각하는 일을 상대도 그럴 것이라고 단정 지어 생각하거나 행동하지 않고 서로 의견을 나누었더라면 어땠을까?

상대가 나를 더 바라봐 주길 바라고 나의 입장을 더 생각해 주길 바란 이기적이고 고집 센 나의 마음이었는지도 모른다. 그때는 그것이 나에 대한 배려 부족이라고 생각했었다. 그래서 불편한 나의 속내가 행동으로 나타나 남편을 더 피하도록 만들었나 보다. **상대가 피하지 않도록 어떻게 해줬으면 하는지 분명하게 말하고 서로 조율해 나갔더라면 훨씬 내 상황도 수월하지 않았을까?** 각자 자기 상황을 인식하고 상대에 대한 행동이 어떤 마음이 들게 하는지 대화했더라면 어땠을까?

매일 나에게 건네는 미소

'나는 무엇에 미소 지을까?' 생각해 보니 참 많다. 파란 하늘이 우선 그렇다. 아침에 일어나 블라인드를 걷어 올리며 창밖으로 마주하는 파란 하늘이 가슴을 시원하게 해준다. 그러니 미소가 절로 나올 수밖에 없다. 창문을 열면 느껴지는 상쾌한 공기가 또 그렇다. 열린 창문 너머로 우연히 보게 되는 누군가의 이른 외출에도 미소가 지어진다.

이렇게 글을 쓰는 자정이 넘은 시간, 내려진 블라인드 사이로 반짝이는 것이 불빛인가 하고 보았더니 새벽달이다. 저 달이 오늘은 나와 마주할 수 있는 자리로 와서 나에게 힘을 보탠다. 달은 보일까? 내 얼굴에 번진 미소가. 자연은 늘 그렇게 자신의 일면을 보내고 있고 나는 그것에 해석을 보태며 미소를 짓는다. 우리를 미소 짓게 하는 것은 자연이 가장 강력한 것 같다. 자연의 그 무엇도 우리에게 바라지 않으니까 더욱 그렇게 느껴진다.

어릴 때 나는 호기심이 많은 아이였다. 시계가 멈춰있으면 그 안이 궁금했다. 하지만 그 시절 동네에는 시계가 몇 대 없었고 감히 넘볼 수가 없었다. 용기가 조금 더 넘쳤더라면 괘종시계 하나쯤 거뜬히 분해하고 즐거워했을 텐데 말이다. 그렇게 호기심은 채워지고 내 얼굴에 미소는 덤이지 않았을까? 그 호기심은 냇가에 빨래하러 가서도 따라다녔다. 빨래터에 가 세숫대야를 내려놓고 물가에 앉아서 빨래는 잊어버리고 물만 한없이 바라보던 아이였으니 말이다. 시선은 물속 작은 물고기들을 한참 따라다닌다. 그리고 수건 한 장을 수면 위로 살며시 펼쳐 놓는다. 물기를 흡수하기 전까지 공기로 부푼 곳이 생긴다. 수면 위 수건을 지켜보다가 손가락으로 눌러보며 가라앉기를 기다리던 그곳의 나는 또 미소를 머금고 있었을 것이다. 공기가 수건의 올 사이로 새는 모습에서 빨래가 되는 상상을 했었다. 나중에 세탁기 광고를 보고 무릎을 쳤던 기억이 난다. 혼자서 신기해하며 그런 생각을 했다는 자체만으로도 뿌듯해 미소를 지었던 적이 있었는데 말이다.

호기심이 생기거나 좋아하는 것을 하게 되면 우리는 자연스레 미소를 짓게 된다. 마음이 평온해지고 즐겁다. 나는 자연을 좋아해 혼자 상상하며 놀이하기를 즐겨 했다. 노래 부르는 것도 좋아했다. 목소리는 악기처럼 따로 챙겨서 가지고 다니지 않아도 되고 어디서든 마음대로 사용할 수 있으니 얼마든지 노래를 부를 수 있었다.

그런데 어느 순간부터 무엇을 하고 싶은지도 모른 채 그냥 다들 그렇듯 학교 다니고, 회사 다니고, 사람들을 만나며 살았다. 그래서 계속 허한 느낌이 들었나 보다. 하고 싶은 일이 있거나 그 일을 하게 되면 저절로 미소를 짓게 될 터인데, 나는 무엇 때문에 사는 건지도 모르고 그냥 살아있으니 살았다는 생각이 든다.

요즘 나는 무엇을 하면 미소가 지어질까? 무엇을 하면 기쁘고 즐거울까를 생각해 본다. 그중 한 가지는 악기 연습이다. 늦게 배운 악기라 실력이 쉽게 늘지 않고 어렵고 힘들지만, 한 시간쯤은 아무렇지 않게 집중할 수 있다. 연습 시간이 길어지게 되면, 아이를 오래 방치하고 있다는 마음이 든다. 그 정도 놔둬도 괜찮을 만큼 컸는데도 말이다. 또 이웃에게 건너가는 악기 소리가 어떻게 들릴까 부끄러워 연습을 멈추게 된다. 너무 오래 연습하는 소리가 소음으로 들리지 않을까 하는 마음에 방문을 열고 나올 수밖에 없다. 그러나 그 시간이 너무 좋다. 닫았던 문을 열고 나올 때 느껴지는 그 기분을 어떻게 말로 표현할 수 있을까? 상쾌하기도 즐겁기도 뿌듯하기도 대견하기도 한 다양한 마음이 나를 미소 짓게 한다.

한동안은 책을 보면 미소가 지어졌다. 특히 그림책은 소장의 기쁨이었다. 그림책으로 시작된 도서 구입은 다양한 분야로 범위를 넓혀갔다.

아이들 읽어주려 시작한 것이 개인적 관심과 도전으로 이어졌다. 코로나는 더욱 책과 친해질 시간을 주었다. 나는 그렇게 책에 빠져 살았다. 속도가 빠르지 않아 많은 양을 읽진 못했지만, 나만의 정리로 노트가 채워질 때도 그것을 보며 즐거웠다. 독서 모임을 통해 나누는 시간은 그 책에 대한 시선을 넓혀 주기에 더 좋았다.

미소를 짓게 하는 일은 내가 좋아하고 즐거워하는 것들을 다시금 떠올리게 한다. 이렇게 기뻐하는 것을 찾다 보면 나의 고유함을 만나게 된다. 내가 무엇을 좋아하고 어떤 것을 하기를 원하는지 그 안에서 답을 찾을 수 있다. 적어도 답에 가까워지거나 삶을 사는데 에너지를 얻을 수 있다. 내일 또 다른 어떤 것이 내 관심 안에 들어올 수 있고, 그 영역은 더 다양해질 것이다. 지금 나를 미소 짓게 하는 것이 그 무엇이든 계속 시도하고 알아가야 한다.

반대로, 두려운 것을 생각해 보면 한편으론 내가 용기 내고 나아가야 할 길이라고 알 수 있다. 시도해 보고 싶지만, 두려운 마음에 행동하지 않으면 사는 내내 아쉬움을 갖게 된다. 그래서 요즘은 마음 가는 게 있으면 그건 꼭 하고 넘어가라고 조언한다. 경험하고 난 다음엔 나와 맞는지 안 맞는지가 명확해진다. 그러면 결정하는 데 미련이 남지 않기 마련이다. 그것을 그때 했더라면 어땠을까 하는 마음에서 벗어나 용기 내어 시도하는 내가 되기를 바란다.

화나는 일이 자꾸 떠오르는 건 나의 욕구가 채워지지 않은 까닭인지도 모른다. 억압된 욕구들, 하지 못하는 것, 인정받고 싶은 욕구. 나를 그대로 보아달라는 마음이 담긴 메시지가 화로 나오기도 한다. 설명하지 못하는 짜증과 화로 나와 내 주변의 파동이 불안정해지고 내 얼굴은 경직되었었다. 지금은 좀 더 유연하게 대처할 수 있게 되었고 가정에서의 나의 불안한 기운은 이제 오래가지 않는다.

인간은 저마다 자신이 좋아하는 것을 찾아 기쁘게 살아야 한다. 그것을 통해 삶의 에너지가 채워지고 나아갈 힘이 채워진다. 그러려면 내가 삶에 어떤 가치를 두고 있는지, 내 삶의 목적이 무엇인지, 어떤 의미를 담고 싶은지 알아야 한다. 나를 알아차리고 이해하는 삶에서 편안함을 느끼게 되면 자연스레 미소가 지어지지 않을까? 자기 자신에 대해 부정적으로 생각하며 나를 괴롭히지 않고 긍정적인 의미의 삶에서 자기실현을 꿈꾸는 삶. 내 삶도 그런 시절로 가득하길 바라며 오늘도 나와 미소로 인사한다.

이 나이에 안될 게 뭐가 있어?

웃으면 인상이 좋아지는 효과가 있다는 말처럼 사람들에게 편한 인상을 주고 싶어 잘 웃었다. 사람을 대할 때 굳이 찡그린 얼굴을 하지 않듯이. 마흔이 되면 자신의 인상을 책임져야 한다는 말에 이십 대 후반에 거울을 보고 웃는 연습을 했던 기억이 떠오른다. 하지만 중년이 되니 웃음이 줄었다.

중년이라는 말이 이렇게 낯설게 느껴질 줄이야. 중년이라는 단어를 사용하려니 상당히 나이가 많게 느껴진다. 물론 적은 나이는 아니다. 아이들이 크고 나면 혼자 뭔가를 할 수 있는 시간은 늘고 집에서 말하고 웃는 일은 준다. 가족보다는 다른 것에서 웃을 일을 찾게 된다. 웃으면 눈가에 주름이 깊은 자국을 남긴다. 화장실 거울에서 붉은 선이 생긴 얼굴을 보고 놀란 적도 있다. 그래서 어떤 날은 눈가를 부여잡아가며 웃는다. '나이 듦'을 떠올리면 눈과 입가 주름이 가장 먼저 생각난다. 많아진

주름을 보는 것이 즐거운 사람이 몇이나 될까? 인상 좋은 중년이 되고 싶은, 그간의 삶이 주름 사이에 함께 자리 잡기 시작한 오십은 어떤 꿈을 꾸어야 할까?

〈초록우산〉의 광고에서 '꿈에도 가격이 있을까? 꿈에도 시기가 있을까? 꿈에도 자격이 있을까?', '꿈에 대한 질문에 현실이 답이 되지 않도록'이라는 글귀를 보았다. 꿈을 갖는다는 것, 그리고 그 꿈을 향해 나아가는 과정에는 무엇이 필요하고 어떤 기준이 있어야 할까? 광고의 글은 내가 원하는 것이 현실로 인해 방해받거나, 내가 원하는 것이 아니라 삶을 살기 위해 하는 꿈이 아니기를 바란다는 말로 들렸다. 현실의 삶을 위해 하고 싶은 것이나 좋아하는 것이 뒤로 밀려나지 않기를 바라는, 젊은이들에게 보내는 응원의 메시지라 여겨진다. 오십의 나는 무엇을 꿈꾸는 것이 합당할까? 사실 이런 질문을 자꾸 하는 이유는 내가 하고자 하는 일이 주위의 시선에도 괜찮겠냐는 물음 때문이다.

방송인 이영자 씨가 한 프로그램에서 이런 말을 했다. 물론 그녀가 나보다 나이가 더 많은데, 이제는 후배들을 위해 자리를 내어 주는 시기가 되어간다고 했다. 그런 말을 할 수 있는 자체만으로도 부러웠다. 삶에 아쉬움이 없는 사람이 있을까? 방송에서 보는 그녀는 평범한 우리보다 하고 싶은 것을 좀 더 해 본 것처럼 보였기 때문이다. 그것이 아니라도 어느 정도 성취한 경험에서 나오는 말일 거라고 여겨졌다. 우리는 슬슬 자리를 내어 주기 위해 다음을 위해 준비해야 하는 나이일까?

　나이는 자신이 원하는 꿈을 꾸는 데 가장 큰 방해물이 되기도 한다. '그 나이에 무슨, 그 나이에 그걸 해서 뭐 하려고? 그냥 편하게 살지 뭐 하러 그리 힘들게 사니? 왜 그렇게 복잡하게 살아? 뭐 하러? 뭐 하려고 그래?'
　모르겠다. 나도 왜 내가 그렇게 복잡해 보이는 삶을 사는 것인지. 왜 나는 남들이 말하는 편한 길을 놔두고 복잡한 길을 선택해 나가려 하는지. 하지만 이유가 꼭 있어야 할까? 이유가 있고 명확한 답이 있어서 가는 길이라야 예상할 수 있으니까 묻는 걸까. 젊음이 한창인 아이들이나 청춘들만 예상 답안이 없는 도전을 하라는 법이 있을까. 그동안 삶을 살아내느라 가족을 챙기느라 애썼는데 온전히 자신이 꿈꾸던 것을 향해 시도하는 것도 멋지지 않나 생각한다. 삶에 예상되는 답안이 있기나 한 거냐고. 요즘처럼 살기 좋은 시절에 뭐 하러 남이 원하는 방향, 남들 다 가는 방향으로 가야 한단 말인가.
　젊음은 젊기에 무모한 도전을 해도 용납이 된다. 하지만 나이가 들어도 하지 못할 이유는 없다. 오히려 나이가 들어 시간적, 경제적 여유가 있다면 더 가능한 일이다. 인생을 어느 정도 살았고, 안정적이니 무엇이든 해 볼 수 있지 않은가? 누구보다 더 자유롭고 더 활기차게.

어느 영상에서 본 등이 굽은 할머니는 굽은 등 때문에 불편했지만 팔십이 넘은 나이라 그냥 그렇게 살고 계셨다. 그러던 어느 날, 할머니에게 어떤 계기가 있었는지 모르겠으나, 아주 조금씩 교정과 요가를 병행하는 것으로 운동을 시작하셨다고 한다. 선생님과 함께 꾸준하게 연습하던 할머니의 등은 어찌 되었을까? 나이가 들면 굽거나 굳고 행동도 느려지는데 그분의 등이 마법처럼 펴졌다. 등만 펴진 게 아니라 할머니의 삶이 달라졌다. 얼굴도 더 밝고 환해지셨다. 이전보다 더 활력이 넘치고 젊어 보이셨다. 나이가 들면 몸이 굳는 건 당연하다고 생각한다. 우리는 그 당연함을 그대로 받아들이고 시도해 보려고 하지 않는다. 시도하지 않는데 어떤 변화를 만날 수 있겠는가? 할머니가 '팔십이 넘어 살면 얼마나 살겠어?'라는 마음으로 사셨다면 어땠을까? 할머니 하면 생각나는 이미지대로 운동 전보다 더 나이 든 모습으로 살고 계셨을 것이다. 그랬다면 어느 나라 어느 지역에 사시는 이름 모를 할머니 얼굴을 볼 일이나 있었을까? 건강하고 밝은 자신을 만나는 경험은 결국 할머니 자신이 해낸 것이다. 그러니 나이는 숫자에 불과한 게 맞지 않는가? 인생의 정오, 중반에 왔다면 이제부터 시작인 거지. 너무 젊지 않은가.

어린 시절 엄마들의 '뽀글머리'와 '몸빼바지'를 떠올려 보면 지금의 나보다 훨씬 나이 들어 보임을 알 수 있다. 시대가 달라지긴 했지만, 달라진 시대에 자신을 들여다보고 새로운 시도가 손쉽게 가능해졌는데 망설

여서 무엇할까? 괜히 시간만 더 가고 나이만 많아지겠지. 평생 해 보지 못한 것에 미련을 가지고 살지 말고 도전해 보자.

팔십 세가 되신 김영애 코치님이
직접 그려 주신 선물

5장

마침내 완성될 나의 모양

미래를 바꿀 수 있는 유일한 방법, 그것은 무엇일까. 빠른 속도의 시대에 나의 속도를 찾는 것. 많은 것이 빠르게 변화하고 있는데 우리는 과연 그 속도를 잘 따라가고 있나? 따라가는 나는 괜찮은가? 각자가 자신의 속도를 즐기며 갈 수 있다면 미래가 바뀌지 않을까. 어디쯤 가고 있고 어떻게 될지도 모른 채 타인에 맞춰 끌려가는 것이 아니라 나의 속도를 찾고 그것에 맞춰가면 가능하다고 본다. 타인의 기준에 의해 사는 것이 아니라 나의 기준에 맞춰진 삶으로 바뀌니 미래를 바꿀 수 있다.

미래를 걱정하고 과거를 되새기며 후회하고 있는 동안 시간은 흘러간다. 시간만 흘러간다. 나는 변하지 않고 그대로 있거나 오히려 과거로 향해 있게 된다. 현재에 있지 못하니 눈에 보이는 것을 그저 쫓아가게 된다. 그러니 나의 속도에 맞춰 지금 할 수 있는 일을 꾸준히 하다 보면 바뀐 미래의 어느 날을 만나게 되지 않을까?

완성 : 나만의 모양으로 단단히 서다　　**233**

오십쯤 되면 하던 일이나 가정에서도 어느 정도 윤곽이 보이는 사람이 있다. 요즘은 직장에 다니는 여자들이 많지만, 이십 년 넘게 주부로만 살아온 나의 눈에는 그런 사람들이 너무 부럽다. 또래의 사람들이 성공한 것을 보면 더욱 그렇다. 다닐 직장이 있는 것만으로도 부럽다. 삼사십 대도 이십 대도 그렇지 않을까? 나이야 어떻든 주변 지인의 성공을 보면 부러운 건 마찬가질 것이다. 하지만 언제 이루어지느냐가 아니라 어떤 모양으로 만들어지느냐가 중요하다. 출발이 달라도 속도가 달라도 각자의 도착지는 있으니까, 그러니 어떤 모양으로 만들어졌는지가 중요해진다.

배우 변우석과 엄태구, 이들은 드라마 속 주인공을 맡으며 유명해졌다. 그들을 보고 있으면 느린 나를 발견한다. 깊이 생각하느라고, 부끄러워서, 처음이라, 방법을 잘 몰라서, 잘하고 싶지만 익숙하지 않아서 말이다. 변우석은 찬찬히 대답한다. 그 모습을 보면 조금 느리게도 보이고 연습이 부족한 건 아닌가 하는 생각도 했다. '기획사는 무엇을 하게 되는지 미리 알려주고 연습도 시키지.'라는 개인적인 생각도 들었다. 명랑하고 밝은 만큼 눈물도 많은 사람이다. 감정에 솔직하다. 또 엄태구라는 배우를 보면 변우석 배우가 느린 것은 느린 것도 아니었다. 그는 특히 수줍음이 많아 시력이 좋지 않음에도 일부러 안경을 안 쓸 정도라고 했다. 질문에 대한 대답도 한참 걸리는가 하면 목소리도 작고, 어찌할지 모르는 모습이 역력했다. 무엇을 시키면 부끄러워서 할 듯 말 듯 했다.

예전엔 연예인이 방송에 나와 얼굴을 가리거나 질문에 대답을 제대로 못 하는 모습은 부정적이게 비춰졌다. 자질이 없다고 생각되어 방송에 나오지 못했던 것 같다. 끼가 있어 보이는 행동들, 또는 뭐든지 적극적이어서 묻는 말에 대답도 잘하고, 시키면 열심히 하는 모습을 보여야 하는 것이 마치 정석인 것처럼 대했다. 지금은 아이돌들이 많아졌다. 일찍부터 연습생 기간을 갖거나, 실력 있고 열정적이며 또 당차고 다재다능한 인물들이 많아졌다. 이제 시작하는 친구들이지만 기본기와 숙련도가 장착된, 어쩌면 하나같이 인터뷰도 잘하는지 대단해 보였다. 그러다 이렇게 느려 보이고 서툴러 보이고 눈물 많고 부끄러워하는 사람들을 보니 뭔가 달라졌다는 느낌이 들었다. 세상이 조금 달라졌구나. '그동안 우리가 기준에서 배제시켰던 것들을 그대로 바라봐 주고 인정하는 시대가 되었구나.'라고 말이다.

도로 주행 시 자동차들이 달리는데 교통의 흐름에 방해되지 않으려면 앞의 차와 적당한 간격을 두고 가야 한다. 나의 속도가 아닌 전체적인 교통의 흐름을 보면서 그것에 맞춰 물 흐르듯 갈 수 있어야 한다는 말이다. 물론 제한 속도 안에서. 그렇지 않은 이를 만나면 답답하다고 여기는 것 같다. 그러면 나는 저 운전자가 나라고 생각하고 부디 이해해 주길 바란다고 말하고 싶다.

예전엔 느린 것은 답답함을 불러왔다. 흐름을 이해하지 못하고 방해가 된다고 생각했던 것 같다. 기술의 발전이 엄청나게 빠른 이런 시대에 사람들은 이 둘을 어떻게 생각할까. '느려도 괜찮아.'라는 말처럼 이들은 느려도 괜찮은 것일까. 한동안 보아온 연예인은 다양한 방면에 못 하는 것이 없고, 당당하고 모두 갖춰진 모습이었다. 그렇지 않다면 엄청난 시간과 노력을 들여 연습한 뒤에 능숙한 모습을 보여주었다. 변우석과 엄태구가 자기 관리를 안 한다는 말은 아니다. 어리숙하고 느린 사람들처럼 보였다는 것일 뿐이다. 그들은 자신만의 속도로 열심히 쉬지 않고 달려왔을 것이다. 남들이 뭐라 하더라도 자신만의 속도로 멈추지 않고 왔기에 드라마를 통해 인기를 얻고 이름을 알리게 된 것이리라.

빠르고 완벽하게 더 완벽함을 추구했던 시대를 지나다 보니 사람들은 시대의 속도에 당연히 맞춰야 한다고 생각했다. 제대로 알지 못한 상태로 그저 따라 달리기에 바빴던 사람들. 그러다 보니 지치고 뒤처지기도 하는 사람들. 타인의 속도를 따라가다 자신이 원하지 않는 엉뚱한 방향으로 가고 있음을 발견하기도 하고 잠시 멈추어 호흡을 고르고 고민했을 사람들의 모습을 떠올려 본다.

나도 느린 사람이었다. 지금도 느린 사람이다. 주위의 시간에 맞춰 따라가느라 벅찼던 나는 이제는 언제나 외부의 속도에 맞추지 않는다. 맞춰 따라가는 부분도 있지만, 모든 부분에서 그렇지 않다. 숨이 찰 때는 이야기한다. 내가 그대의 속도와 달라서 따라가기 벅차다고 말이다. 이제는 나의 속도를 느끼고 싶다. 결국 우리는 도착지에 도착하게 될 것이니까. 속도는 중요하지 않다. 어떤 모양을 만들며 가고 있고 마침내 완성될 나의 모양에 대해서만 생각하고 가면 된다.

미래의 나에게 보내는 메시지

상상해 봅니다. 앞으로 나는 무엇을 하게 될지. 지금 하는 일들이 모여 어떤 삶을 만나게 될지 이미지로 그려보고 이름도 붙여 봅니다. 그것이 이루어질지 아직은 모르지만, 상상은 자유입니다. 마음껏 펼쳐보시길 바랍니다.

1. 지금의 나를 살피기

- 지금 나에게 즐거운 것은 무엇인가요?

- 어떤 점이 나를 즐겁게 하나요?

- 기쁨을 느끼는 지점은 어디인가요?

- 좋은 감정은 나를 어디로 이끄나요?

- 현재 내가 가지는 삶의 중요 가치는 무엇인가요?

- 그 가치가 흔들릴 때는 언제인가요?

- 어떻게 하면 제자리로 돌아올 수 있을까요?

- 나에게 힘이 되는 말은 무엇인가요?

- 오늘 스스로 선택한 행동이나 결정은 무엇인가요?

- 지금 나는 어떤가요?

2. 가능성 찾기

- 무엇이든 할 수 있다면 가장 하고 싶은 것은 무엇인가요?

- 그 이유는 무엇인가요?

- 그것을 통해 무엇을 얻고 싶은가요?

- 앞으로 방해되는 것은 무엇일까요?

- 걱정되는 점은 어떤 것인가요?

- 그것을 어떻게 하고 싶은가요?

- 만약 그런 일이 일어난다면 무엇을 할 수 있을까요?

- 오늘 내가 할 수 있었던 일은 무엇인가요?

- 지금 당장 내가 할 수 있는 일은 무엇인가요?

3. 상상하기

- 무엇이든 이룰 수 있다면 무엇을 하고 있을까요?

- 삼 년, 오 년 후의 나를 상상해 본다면 어디에 있을까요?

- 그 장소에서 나는 무엇을 하고 있나요?

- 어떤 표정을 하고 있나요?

- 마음은 어떤가요?

- 주변에는 누가 있나요?

- 그 장면의 분위기는 어떤가요?

- 그 온도와 색깔은 어떤가요?

- 미래의 내가 지금의 나에게 뭐라고 하나요?

- 내 삶이 영화가 된다면 어떤 영화의 주인공이 되고 싶은가요?

<미래의 나에게 보내는 메시지>

여전히 아름다운 나에게

나는 더 이상 자책하지 않습니다.

나는 더 이상 미워하지 않습니다.

나는 더 이상 부끄러워하지 않습니다.

오늘 나는 배려하는 척하지 않습니다.

오늘 나는 이해하는 척하지 않습니다.

오늘 나는 용서하는 척하지 않습니다.

이제는 나를 혼자 두지 않습니다.

이제는 나를 외롭게 하지 않습니다.

이제는 나를 아프게 하지 않습니다.

나는 즐겁습니다.

나는 슬플 때도 있습니다.

나는 아프기도 합니다.

나는 화를 낼 줄도 압니다.

나를 있는 그대로 바라봅니다.

나를 있는 그대로 안아줍니다.

나를 있는 그대로 사랑합니다.

오십의 시간